そろそろいい歳というけれど

ジェラシーくるみ
Jealousy Kurumi

主婦の友社

はじめに

29歳問題

「中2って、何にでもなれるじゃん！」

14歳のときに言われたこの言葉が、今も胸に刺さって抜けない。

真冬の平日夕方、新宿のロッテリアの2階には人が全然いなかった。

その日は知り合いの出演するバンドのライブがあり、前略プロフのリンクを飛んで知り合ったライブ百戦錬磨のお姉さんと一緒に行く予定だった。

ネットで知り合った人とお出かけなんて、何か事件に巻き込まれたとき親が泣くだろうと思ったので、同じ中学に通う仲のいい友達も誘って、新宿中央通りかどこかのロッテリアで顔も名前も知らないお姉さんと待ち合わせをした。

お姉さんは3つ上の高校2年生で、サラサラの茶髪をかき上げるのがクセみたいだった。私たちは、本名——といってもファーストネームだけ教え合った。

年齢については事前にお互い知っていたが、改めて自分の学年を伝えると、

「中2って、何にでもなれるじゃん！」とお姉さんはのけぞった。

オーバーリアクションに戸惑った私たちは「いやいや～」とか言って曖昧に笑った気がする。

お姉さんは自分の発言の意図が伝わっていないことを理解したのか、こう付け加えた。

「だって君たち、将来宇宙飛行士になりたいって思ったら、なれるかもしれないよ？　私はもう無理だけど」


それからライブに行き、思いっきり声を出して頭を振って、冬なのにワイシャツがびしょびしょになるくらい汗をかいて、ライブハウス前でお姉さんと別れた。お姉さんは参考書を買いに本屋に行くとか言っていたかもしれない。お姉さんとはそれっきりで、名前も顔も覚えていない。

それからというもの、「○歳なの！　いいね～」とか「若いね～」とか言われるたびに心の端っこがつねられたように痛んだ。学年が1つ上がるごとに、1歳大人に近づくごとに、将来の選択肢がどんどん狭まるような気がした。

20代も後半になると、今まで同じ岸にいた人たちがいつの間にか向こう岸で暮らしていた、ということがある。

あの日のライブに付き合ってもらった友達は結婚して家を買い、先日モコモコのトイプードルを飼い始めた。

同じタイミングで入学した友達、入社した同期たちも、転職やら留学やら結婚、出産やらでみんな少しずつ他の岸へと渡っていく。

特に決断をしていないように見える子も、粛々と仕事に向き合って成果を出し、大海を目指して川下のほうに泳ぎ出した。

私は、ずっと同じ岸辺にいながらみんなのことを見ている。

岸に沿って歩いたり休んだり、目の前の川を渡ろうかと迷ってみたり、ため息を空にぶつけたりしながら。

歳を重ねるにつれて、それぞれの川の幅がどんどん広がっていくように感じる。さっさと川を渡って仕事や育児に忙しくしている友人の背中は、はるか遠くに見えるし、転職で「ポテンシャル採用」なんてもう通用しない歳になってきた。

どの川でもいいからとりあえず渡ってしまいたい気もするし、でもこの岸の居心地がよくてどこにも行きたくないとも思う。

仕事や育児が落ち着いたアラフィフの人たちが自分の人生やアイデンティティに対して「本当にこれでよかったのか」「これが自分のなりたかった大人だろうか」と悩む心理的不安をさす「ミッドライフクライシス（中年の危機）」という言葉がある。20代後半～30代前半でのそれを「クオーターライフクライシス（QLC）」と呼ぶらしい。

暴れ狂う自意識を抑えつけ、思春期を乗り越えてようやく大人になったと思ったら、アラサー付近でもやもや、そこから十数年して中年になるとまた新たな危機がくるのか。

人生、危機だらけだ。

QLC現象なのかわからないが、私の周りでも将来への漠とした焦燥感を感じている人が多く、その中には30歳という数字を目の前にして「20代のうちに」と人生における重大な決断を下し、濁流を渡った人もいる。30の境界線を越えた人によると、「35になる前に」が待っているという。

本書は、無為な焦りへの対処法や悪あがきをつらつら書いて、私と同じように〝危機〟の真っ只中にいるアラサーの同胞たちに贈ろうと思う。

航海か後悔か

私たちそろそろ旅立つわ
出世
転職
結婚
留学
えっ!!
でもリスク高くない!?
だって幸せになれる保証はないじゃん!?
ていうかそんな軽装で!?
あーだこーだ言っている間に彼女たちは旅立った
多少のコレジャナイ感はありつつも
新たな岸に渡り着いた彼女たち…
キャリアアップ島
コモチ諸島
ヨメイリ半島
アラサー海峡
ここはデモデモダッテ海岸
焦るわ…

クオーターライフクライシス

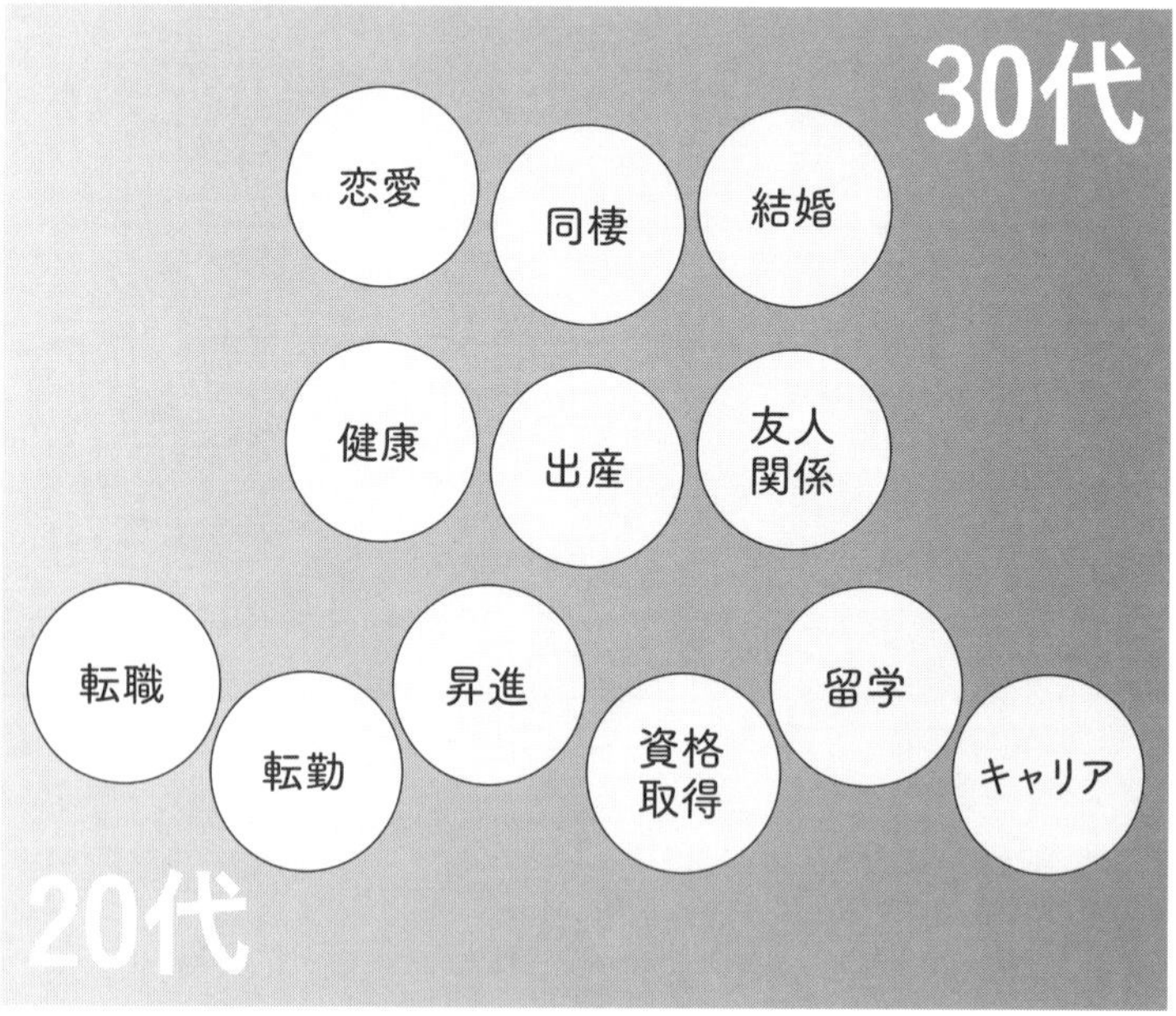

自分が思い描いていた生き方と現実にギャップがあり、
他人と比べて落ち込んだり、焦ったりする幸福低迷期。

そろそろいい歳というけれど 目次

第1章

今すぐ誰かの妻にはなりたくないけど
一人で生きる覚悟もない

「恋愛・結婚」編

第2章

出産の限界と育児の大変さについて本気で考えてみた

「出産・友人の育児」編

第３章

「お金・資産形成」編

巻末コラム
ジェラシーくるみのお悩み相談室

第1章

今すぐ誰かの妻には
なりたくないけど
一人で生きる覚悟もない

「恋愛・結婚」編

「先生、アラサーのＴｏ ｄｏリストに恋愛は入りますか？」

「最近いい人いないの？」

きたー！　未婚女子が集まって話題が半周した頃に必ず出る定型句。

このひとことを皮切りに、それぞれの手持ちの札と進捗具合の確認、真剣度と付き合う見込みの共有が始まる。

そもそも「好きな人」でも「気になる人」でもなくて、「いい人」って何でしょうねえ。

「付き合うのもやぶさかではない、好感の持てるいい人」であり、「何度かデートをしていて進行具合がいい人」。

不遜きわまりないが、あいにく女子の定例会の語録に「謙虚」の二文字は載っていない。

3年付き合った恋人とさよならした友達が、今は誰ともデートもLINEもしていないよーと持ち札ゼロの報告をする。

「あいつと別れてから誰もいないし、なんなら恋愛の始め方忘れたんだけど」

「わかる」

「でも結婚とか考えると、そろそろ動かなきゃとか思うよね」

「私も最近会ってる人はいるけど、異性として見られなくて」

脳を介さず反射的に口をついて出たみんなの言葉が、薄暗いバーの虚空に舞う。

最近は婚活ではなく恋愛の相手を探す「恋活」という言葉も、各企業のマーケティング活動のおかげか、よく目にするようになった。

仕事もプライベートもそれなりに満たされているのに、私たちはどうして持ち札の確認をしてしまうんだろう。

「もうすぐ30だしそろそろ」という親戚のおばさんや職場のセクハラおじさんの

野次を自分自身に当てはめてしまうんだろう。

「そろそろ」な年齢にさしかかっているのに、欲望も執着も人一倍強いはずなのに、結婚願望がないのはおかしいのか。

婚活やら恋活というものに踏み出してみるも、道半ばで挫折した人を少なからず見てきた身としては、確かに言えることが一つある。

落ちてしまった恋ではなく、まだ見ぬ相手とこれから始める恋に対して自分の時間を割く行為は、社会人にとって相当な負担だということ。

うっすら結婚願望があって、周りからの同調圧力を両肩に感じている程度では〝婚活道〟を極めることなどできない。

相手がいなくて焦っている私たちが自分に問うべきは、気分によって変わる結婚願望の強さではなく、「始まるかもしれない恋」や「実るかもしれない結婚」のために**自分の余暇から毎週3〜4時間を捻出してもストレスに感じないか?**ということである。

いまいちピンとこない人は、休日の覚醒時間を円グラフにしてみるといい。健康第一なので、睡眠は削らない前提で。

平日は通勤も合わせて仕事が大方を占めてしまうが、休日はきっちり休むとして仕事のシェアをゼロとしよう。朝起きてから寝るまでの約16時間を円グラフにすると、ドラマやSNSのダラ見に4時間、友達とのご飯や飲み会などの交流活動に6時間、部屋の掃除やスキンケア、簡単な自炊など人間としての体を成すための最低限のケア活動に3時間、本や漫画、映画など自分を高めたり癒やしたりするインプット活動に2時間……さあ、残り1時間。

すでに9割以上がカラフルに塗られている円グラフを書き換えて、人の紹介やアプリで「出会う時間」、新規の相手と「連絡する時間」、通常時より3割増しの「ヘアメイク時間」をねじ込むには、相当高いモチベーションと強い意志を要するだろう。

しかも私のような「土日のどちらかは誰にも会わず引きこもって自分のペース

を整える日にしたい」というインドアの申し子にとっては超難問だ。

無為な焦りだけが先走り、恋活だの婚活だのと称して中途半端に出会いを広げてみても、誰との物語も始まらない。

恋愛に疲弊した経験も、既婚者から教えていただくしょっぱい訓示や失敗談もさんざん体内に蓄積された今、結婚への淡い期待や異性への燃えるような憧れなどとうに崩れてしまった（自分が異性愛者だとして）。

手札の見せ合いっこを肴に酒を飲み、自虐と脅迫めいたイジりの応酬を繰り返す未婚アラサー会レギュラー選手の我々もそろそろ気づいてきた。

恋の始まりはタイミング、長く続くかどうかは二人の意思と縁次第。

私たちに必要なのは、ついつい酒と夜を深くしてしまう自虐でも、恋活や婚活に踏み出す勇気でもなく、潔い諦めなのかもしれない。

もっといい人いるかも症候群

セフレやセカンド女子や不倫、そんな数々の落とし穴に引っかかっては這い上がり、罠をくぐり抜けてきたせいで、私たちの恋のヒラメ筋は猛発達し、ツラの皮はサンダルを履き倒した夏の足の裏くらい硬く分厚くなる。

誰かと別れるたびに「こんなに泣いたの人生で初めてかも」を繰り返してきた我々にもう怖いものはないはず。

やっと平穏を手に入れ、自分を大切にしてくれる彼氏のもとに落ち着いた我々が直面する最大の壁。

「もっといい人いるかも症候群」だ。

交流が盛んな人の場合だと、1年に一度くらいのペースで、それはもうギャルゲーかというくらいに色々なタイプの男が現れるだろう。踏み絵のように「彼氏を大切にできるか」と問われている気分。

付き合って半年以上たち、安定感も出てきた彼氏。女遊びもギャンブルも借金もない。必須項目的には◯なんだけどな。でも何か足りないんだよな、結婚するとなると物足りないかも……と血迷って別れて、数年後に「婚期逃した。あの人で手を打っていれば」と何様発言をするのだ。

「あと3センチ身長が高ければ」
「もう少し年収があれば」
「なんか雰囲気というか覇気が足りないんだよなあ」
「話も私の男友達のほうが面白いし(そいつと付き合う気はないけど)」

思いつく面々と彼をステージの上に並べて比べる。惜しいんだよな、と首をかしげれば気分はさながらJYP(※1)。

理想の○○探し、と言えば家だろう。

最初は理想を掲げ、あれもこれもと条件を出していても、色々と見比べていくうちに条件が絞られ、優先順位も決まっていく例の作業だ。

家賃予算8万円で風呂・トイレ別、独立洗面台、浴室乾燥・追い焚き機能付き、2口コンロ、1LDK、築浅、最寄り駅から徒歩5分圏内がいいなー、青山あたりでと言ったら、不動産屋は苦笑いをする、もしくは店を追い出される。

まともな不動産屋なら、新築は諦めましょう、駅から少し離れますが……と少しずつ条件を変更していくし、自分も現実を見て条件を変えざるを得なくなる。

いくつも物件を見ていくうちに、自分にとって何が譲れない条件かわかってくる。このエリアなら、この予算なら、と傾向もわかってくるもの。その中で妥協しながら、これだという一つの物件を決める。欠点があったとしても、住み始めたら過ごしやすいように自分なりの工夫を加えていくはずだ。

そして、無茶な条件を出す客には、不動産屋は決まってこう言う。

「その条件ですと、家賃このくらいになっちゃいますね～」

いい家に住みたいなら、銭を出せ！

さあスッと目の前に出された家賃の額を自分が払えるのかどうか。

それは、実戦で確かめるしかない。

つまり「もっといい人」に会えるのか、自分は選ばれるのか、実際に会ってトライしてみればいいのだ。

条件を書き出して、メイクという名の武装をして、いざ理想の人探しの冒険に出てみよう。

周りにいる5人の平均が自分のレベルになる、というどこかで聞いた話にも近いけれど、いったん現時点の自分が会える人（到達できるレベル）は友人の友人まで、と考えよう。

友人にタイプを伝え、10人くらいと飲み会でも異業種交流会でも開いてみることをおすすめする。

ただし、現代においてはマッチングアプリというチート級の飛び道具があるので、どんどんチートして自分が普段会えない〝条件〟の人と会い、しっくりくるか、そして相手が自分に好意を抱くか試すのもありだ。

理想の人というお宝探しの旅から帰ってくると、きっと今の彼が輝いて見えるはずだ。他の男と比べたことへの罪悪感すらわいてくるだろう。

結果的に、もっといい人に出会うためではなく、やっぱり今の相手がいいな、と腹落ちするための冒険期間になるわけだ。

パートナー選びも部屋選びと同じで、出会いの数、恋愛経験の中で自分の好みやパートナーとしての条件が明確になってくる。その条件にピタッとハマる人と奇跡的に出会える可能性もあるし、優先順位が高い条件にハマっているから1〜2個目をつむってもいいと思える人と出会えて結婚に至るかもしれない。

証券会社に勤める友人は、自分の出世欲・キャリア志向の強さを自覚していて、入社1年目から綿密な計画を立てて行動していた。会社の傾向として33歳以上で管理職に就いている女性が多いと把握し、それまでに第1子を産み、職場復帰できるよう逆算。遅くても28歳には結婚していたいと考え、26〜27歳で付き合う人が結婚相手と狙いを定めた。仕事もバリバリやりながらパートナーを探し、見事に28歳で結婚。その彼はあまり恋愛経験がなく、彼女からしたら物足りなさはあったものの、自分にベタ惚れで浮気とは無縁そうな人だったためゴールを決めた。「もう27歳だから、今から新しく他の人を探すと、出産と昇進に間に合わない」婚約祝いのデザートプレートを前にしてこんな容赦ない発言をする女がいるだろうか。うじうじとJYPごっこをするよりずっといいし、切れ味抜群で最高だ。

気の利いたデートの演出もできないし、記念日のサプライズもしてくれない。でも、そんなことは大したことではないからと妥協。そのかわり、自ら誕生日にはこのホテルを予約して、あのバッグをちょうだいとはっきりと伝えるようにしているという。妥協はしつつ、理想の誕生日の過ごし方を諦めない姿勢には頭が下がる。

彼女の場合は出世を基準にしたライフプランだけれど、子どもが絶対欲しいなら生物学的な出産適齢期を考えておくほうがいいし、20代のうちは好きなことをとことん楽しむと決めたなら30代で結婚するプランを立てることだ。欲しいものが明確な人は強い。

妥協、諦めと言うとネガティブだけれど、私たちが男性を査定していると同時に、男性側からも査定され、点数を引かれ、互いに加齢していることを忘れてはいけない。


あれは社会人2年目の頃だったか。六本木で同棲していた彼とひどい別れ方をして新しいロマンスを求め、ひたすら飲み歩いていた私を見かねたのか、年上の既婚男子が助言してくれたことがある。

「ここらへんで遊ぶと、イケメンもいれば実家が極太の奴、投資ファンドで億稼いでる奴、センスあって面白い奴とか色々いるじゃん。それに慣れた女の子は、各分野のいいとこ取りをした、全種目で優勝できる人間が存在するって勘違いするんだよね」

ぎくっとした。私は五角形のグラフが隙間なく塗りつぶされた満点の男を探していたのかもしれない、と。

栄養バランス満点のコーンフレークみたいな男は存在しない。

私の場合、定期的に訪れる「もっといい人いるかも症候群」の兆しを感じ取ると、もう一人の自分がアラートを出してくれる。

お前が探しているのは理想の男ではなく完璧な男だ！

（さて、お前は完璧な女だろうか？）

JYP気取りは諸刃の剣。

これでスッと不整脈はおさまり現実を直視できるはずだ。処方箋として、胸にピン留めしておきたい。

相手や自分自身に対して、私は最近こう思うようにしている。

「満点でも完璧でもないけど、花丸」

※1 JYP（J・Y・Park）：韓国の有名芸能事務所の創立者であり、50歳にして現役の歌手・ダンサー（2022年時点）。日本と韓国の共同オーディション企画「Nizi Project（通称：虹プロ）」でプロデューサーとして審査にあたり、数々の名言を残して日本でも話題に。

完璧な物件

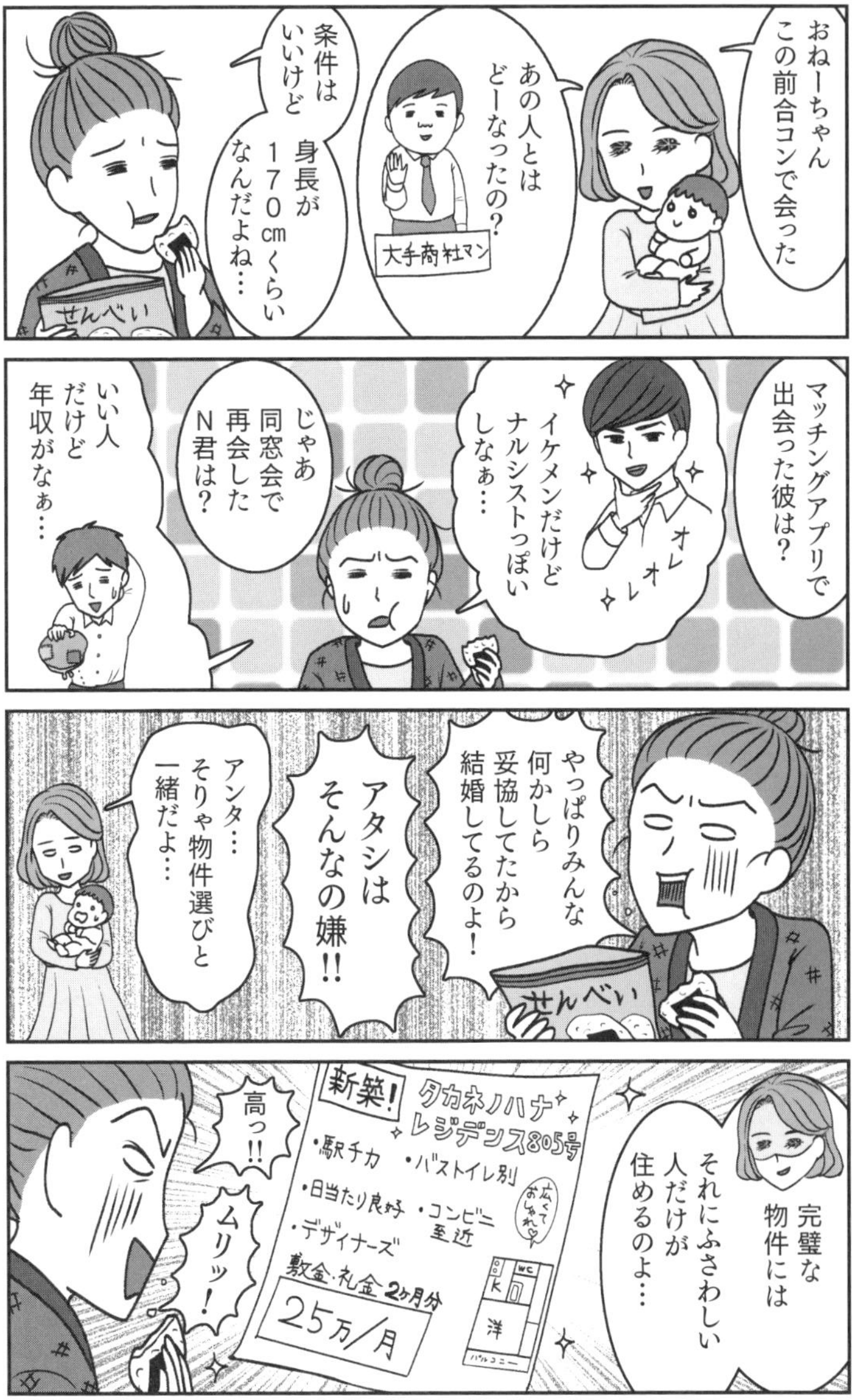
おねーちゃん この前合コンで会った
あの人とは どーなったの？
大手商社マン
条件は いいけど 身長が 170cm くらい なんだよね…
せんべい
マッチングアプリで 出会った彼は？
イケメンだけど ナルシストっぽい しなぁ…
じゃあ 同窓会で 再会した N君は？
いい人 だけど 年収がなぁ…
やっぱりみんな 何かしら 妥協してたから 結婚してるのよ！
アタシは そんなの嫌!!
アンタ… そりゃ物件選びと 一緒だよ…
せんべい
完璧な 物件には それにふさわしい 人だけが 住めるのよ…
新築！
タカネノハナ レジデンス805号
・駅チカ
・バストイレ別
・日当たり良好
・コンビニ至近
・デザイナーズ
広くておしゃれ
敷金・礼金 2ヶ月分
25万/月
洋
高っ!!
ムリッ！

マッチングアプリ虎の巻

先日、彼氏と別れて傷心中の友人に頼まれ、マッチングアプリの手ほどき会なるものを開催した。

講師は、アプリで痛い目を見たが今は大好きな彼氏と同棲中のA子、某国の傭兵や探偵、現役アスリートから60代の宝石商おじさんまでアプリを通じてあらゆる珍獣と出会ってきた百戦錬磨のB子、規約ギリギリセーフの未成年の頃から7カ国でアプリを有効活用してきた私の3人だ。

A子は昔、アプリで出会った男性と交際していたが、ある日を境に音信不通になった。心配して彼と同じ会社に勤める友人に生存確認をしたところ、見事に彼の妻子持ちが判明し、数日寝込んだ経験がある。数年たった今は別のアプリで知り合った好青年の彼と同棲しており、二人でベランダ菜園を始めたそうだ。

確かに隠れ既婚や体目当ての人も男女問わずいるけれど、それにしても私の周り半径5メートル以内でのアプリ普及率には目を見張るものがある。最近では、小学校からずっと女子校で箱入り娘の友人がアプリ経由で結婚した話、人柄も家柄もよいキンキラエリートの男友達がアプリで付き合った女の子と授かり婚をする話を本人たちから聞くことができた。

私たちはアプリ初心者の友人に、気をつけてほしい申し送り事項として3人の共通見解を伝えた。

その壱

鼻の高さや歯の白さなど、明らかに加工したプロフィール写真の人は自意識バグなので避けるべし。誰の子かわからない赤子を抱き上げているライオンキング写真、自己紹介欄に必死にクセ強めな文章を盛り込んでいる人も大地雷。プロフィール写真の正解は「そんなに盛れてない笑顔の他撮り（無加工）」。

その弐

マッチしてから挨拶もそこそこにすぐ会いたがる距離詰め男、「今夜、暇？」といきなり当日に誘ってくる無礼者はヤリモク妖怪なのでスルーすべし。いきなり容姿をベタぼめしてくる人も同系統の妖怪。「モデルさんですか？」「やば、めっちゃタイプです」「かわいすぎてムカつく笑」は、ナンパ塾界隈で有名な定型文なので要注意。同じ文面を擦り切れるほどコピペして1億人の女に送っている。

その参

自己紹介文の欄に、仲間、感謝、ビジネス、高収入などのワードや座右の銘、人生のモットーを書いている人は高確率でマルチなので、回れ右して逃げるべし。飲食関係の企業に勤める超イケメンとマッチして、いい感じに会話が進んだと思ったら、「俺ここで働いてるから、よかったら飲みに来て！」とホストの営業をかけられた……なんて悲しいパターンもある。

ではは初心者がマッチングアプリの罠に陥らないためには一体何に気をつければ

いいのか。

まずは違和感なく文面のコミュニケーションができる人であること。言葉選びや会話のテンポに心がざわっときた人は、リアルで会っても楽しい会話が成立せずに時間の無駄に終わることが多い。

また、相手のコミュニティや所属組織が、自分もしくは自分の友人とかぶっていることが望ましい。相手の出身校や勤務先が身近な響きを持っていればいい。「知り合いを1～2人経由すれば相手にたどり着く」くらいの距離が理想だ。というのも、2人以上経由しても自分がかすりもしない世界の住人と結ばれるには、まあまあな手間と奇跡を要するから。ちょっと違う文化の人の話を聞きたいとか、楽しくワンナイトできればいい、くらいのノリならいいけれど。万が一のことがあっても、A子のように自分の知り合いづてに相手の勤務先までたどれれば安心できる。

もっとも経歴詐欺の常習犯もたまに出没するので、野生の勘と人を見る目を養っておかなければならないが。

LINEの名前もチェックしたほうがいいだろう。フルネームで登録されているとベストだ。何かしら後ろめたいことがある人は、姓名のどちらか一方だけやあだ名で登録している場合が多い。もちろん私も不名誉ながらその一人だ。なお「K」などイニシャルだけの人は詐欺師か、異国のスパイだと見なしていい。

そしてアプリでの出会いに慣れるまで、初対面の人とは「明るい時間帯」に「人目につきやすい場所」で会おう。最近はデートの約束やお店決めまで代行してくれるアプリも多い。相手に場所を任せるのが不安な人や、お茶一本勝負のデートでコスパよくさばきたい人のニーズには最適だ。

相手の過去や経歴詐称が気になった場合は、監査という名のネトストに挑戦するのもいいだろう。インスタ、フェイスブック、ツイッターどれか一つでもSNSのアカウントが特定できれば、フォロワーやタグづけから周りの友人がどんな人か、普段どんな生活をしているか、大体つかめる。

相手が鍵垢の場合は、ネトスト用の偽アカウントを使って彼と同じ学校や職種をプロフィール欄に書いておき、「よろしくお願いしまぁぁぁっす!!」とフォロリクを送ってみよう。

また、会った際には車や運転、証明写真などの話題を経由して「一応、見せ合いっこします?」と冗談交じりに免許証を見せ合い、身元を確認するという荒業も覚えておくといいだろう。

マッチングアプリあるある

マッチングアプリでよくいる奴…
①盛王GUY《もりおうがい》
身長などを盛る
プロフィール
K太郎
175cm
62kg
背丈サバよみすぎ!!
165cm
②妖怪ヤリモク
あからさまな体目的な男
ゆっくりしてく？
HOTEL YUKIZURI
!!
③謎写真族
名札のついた肉写真
イチボ
ミスジ
特上カルビ
ヒウチ
いい肉食ってるアピ？
筋トレ写真
きたえてる＝モテると思ってる？
よその子抱っこ写真
子ども好きアピ？ライオンキングなの？
そんな人ばかりのマッチングアプリでの出会いを諦めかけていた頃―
この人とは相性よさそう!!
趣味も合うし親近感すごい湧く！
初デート当日…
あっ!!
思い出した
あんたC子の彼氏だよね!?
どーりで気が合うわけだ!!
やべっ
親友

結婚したいのにピンとくる相手がいない問題

「別に超ハイスペ男子を求めてるわけじゃなくて、普通に一緒にいて楽しい人がいい。普通の人でいい」

そろそろ結婚や出産について考え始めたものの、いかんせん相手がいない……と悩んでいる周りの婚活ビギナーたちからよく聞くセリフ。

この「普通の人」は一体どこに生息しているのか。出現率の低さはツチノコ級だ。今夜も私たちはツチノコを探しに髪を巻いて紅を引いて、アマゾンの奥地へ向かう。

出会いの数や質を上げたいなら、とにかく行動範囲（出会いの経路やパターン）と場数（闇雲にバットを振るのではなく、考えてバッターボックスに立った経験）を増やし、積極的（＝好意の種まきの達人）になることが大事だ。
（前作『恋愛の方程式って東大入試よりムズい』２０２１年7月刊行の62ページもぜひ読んでほしい）

問題は出会ったあと。合コンや友人の紹介、アプリで何人かと出会ってはいるものの、なんかピンとこない。グッとくる人がいない。

恋愛しなくちゃいけないの？という同調圧力からくるぼんやりとした焦りの場合と違って、「婚活とやらを頑張っているにもかかわらず、いい相手が見つからない」という状況はなかなかにキツい。

アラサーともなればそれなりに経験も積み、多少は目が肥えてくる。アプリや出会いの現場では、その場に潜む既婚者を人狼ゲームのごとく察知する嗅覚を持ち、モラハラの匂いがする男は消費期限切れの刺し身のごとく躊躇なくポイできるようになった。さんざん痛い目を見てきたからね。20代前半のひよっこことは修羅場の数が違うのよ。

だが実は、この知恵と経験こそが隠しトラップなのだ。

とある会社で企画やマーケティングの仕事をしている知人がいる。人当たりもよく、クレバーで愉快で愛すべき酒豪だ。彼女はアプリで3人ほどお付き合いをしてきたが、いずれも1年以内に別れていた。新しい彼氏ができたというので話を聞いてみると、同年代で活動エリアも近い男性。プロフィール写真を見る限りゴルフやキャンプをやるアウトドア派で、読書やアートも好きそうな多趣味な男性。大企業勤めで年収600万～800万円。

「私の好みドンピシャじゃない？」

得意気に画面を見せてくれた彼女は幸せそうで、つられて私も「アプリのベテラン！」とギリギリ悪口の祝辞を述べ、乾杯した。わずか3カ月後に二人が別れるなんて、つゆほども予想していなかった。

敏腕マーケターの彼女は、未来の彼氏像のペルソナを描き、希望の条件でアプリ内検索をかけ、今まで交際に至った成功体験のシナリオ通りにアプローチをして見事告白された。

無意識のうちに**「過去に失敗したような人とまったく同じ条件」**で相手を探してしまっていたのだ。

磨きに磨いた審美眼が、私たちを同じ生けすに導いていたのだ。そこには自分の舌に合いそうな魚がひしめき合うように泳いでいる。年齢、容姿、職業、学歴、年収、趣味嗜好、ファッション、よく行くエリア。過去に噛まれた魚も、捨てた魚もいる。

そろそろ学ぶべきだろう。希望通りの男性は、意外といる。希望通りの男性に好かれた成功体験もある。**でも私たちは、希望通りの男性と「うまくいく」とは限らない。**

つい最近まで、私も自分の中で完璧なシナリオを持っていた。

高身長マッチョで、年収は自分の1・2〜1・5倍くらいあって、本をたくさん読んでいて、映画を一緒に見たときには私が舌を巻くほどの解釈をして、話がまあまあ面白くて、キラリと光るワードセンスを持っている人とくっつくんだろうな。そうじゃないと濡れないし。できれば趣味が似ていて、でもインドア派の私を連れ出してくれるようなドライブ好きの人。別にイケメンでなくてもいい。実家が太くなくてもいい。高望みじゃない。

書き出してみると、虫唾《むしず》が全力疾走する。犬も食わない物語だ。脚本も監督も主演も私。

愚かな私は20代半ばを過ぎるまで、これが「ピンとくる」男で、自分に合う男だと信じ込んでいた。「高望みじゃない」と感じていたのは、この条件やペルソナに該当する知人が数人おり、元カレにも近い人がいたから。

結局、その数人の知人とどうにもなってないということや、元カレと別れたということは〝そういうこと〟なのだ。

この愚かさに気づかないままアプリや紹介や街で出会った何十人とデートを重ねたが、いずれもうまくいかなかった。

そうしてインスタントな恋愛を繰り返し、おいしいご飯とツイッターのネタを求めて毎週末飲み歩く中で、デートで信じられない距離を歩かせる男に出会った。しかも初回のご飯だ。私は散歩好きだが、その日履いていたのは7センチのヒール。待ち合わせの場所から店まで、腹の立つほど長い下り道を歩かされ、坂を下りてさらに店を探し回った合計20分の中で「ねえ、タクシー乗ってナビ入れてもらえばいいじゃん。私ヒール履いてんだけど」と喉元まで出かけたセリフを何回も奥歯で噛みつぶした。あのとき必死に練り出した3ccほどの分別がなければ、彼とは今一緒にいなかったかもしれない。

相手は少々身長が高いことを除いて私の「彼氏像」の条件から見事にすべて外れている人間だ。顔面は好みだったが、長年かけて磨き上げたはずの私の金属探知機はうんともすんとも言わなかった。

だって私の思う「人生の必修図書」は1冊も読んでいないし、一緒に映画を見ても小3並みの感想しか出てこないし、たぶん話も私のほうが面白い。
私をうならせるワードセンスもないし、私をリードしてくれるというよりは犬と猫のようにじゃれ合ったり怒り合ったり、取っ組み合ったりする関係だ（この「取っ組み合い」は隠語ではなく文字通りの意味）。

でも、ピンとはこないがしっくりきた。

私のことを私よりもよく知る悪友に初めて彼を紹介したとき、彼がトイレに立つと悪友はニヤリとうなずいた。
「彼はあなたの扱い方をよーく知ってる。あなたに接する態度が、私と似てるもん」

私は彼と接するうちに、自分にとって大事だと思っていた相手の感性や趣味、稼ぎやアクティブさが大して重要でないことを悟った。私自身が適応していったのかもしれない。

「～ができる人」「～を持っている人」「～してくれる人」と勝手に基準を決めていたが、そもそも自分で叶えられない願いを相手に求めるのはお門違いだ。今の自分にないものは、なくても十分生きられる贅沢品。どうしても我慢できない願望なら、自分で叶えてしまうほうが早い。

過去の自分を振り返っても、友人やフォロワーの話を聞いていても常々感じることだが、人が「自分に合う人」を語るとき、イメージしているのは「そこそこイケてる私に見合う人」だ。誰しも世界で一番、自分がかわいい。そんな私に見合う人を目の前の生けすの中から釣り上げることができるなんて、薄っぺらい幻想だ。

合コンや初回デートばかり繰り返し、ピンとくる相手がいないと悩んでいる人は、人間が互いに与え合う影響力を過小評価し、早々にシャッターをピシャンと閉めてしまっているのだと思う。

人の顔つきは誰を前にするかで変わる。人の言葉は、その先にいる相手と通い合わせて初めて温度を持つ。

ピンとこない、何か足りない、と感じていても、相手との相互作用を繰り返していると自然と二人の交わる座標に気づくことがある。

私たちは、独りよがりな条件や自己愛にまみれた物語ではなく、自分と相手との間に築かれる見えない橋に目を凝らさなければいけないのだ。

そして今の自分の価値観が、一生続くだろうとタカをくくるのも傲慢だ。

「意外とこういう人にも気持ちが動くんだ」「私ってこういうことも楽しめるんだ」と価値観や感覚をアップデートしてくれる人こそが、最後の人かもしれないのに。

シェアハウス同棲のすすめ

結婚は「人生の墓場」と言うが、同棲は「恋のボーナスタイム終了」だ。

好きな人との時間が「日常」になる。
好きな人の「日常」が嫌でも目の端に入る。

同棲してあらゆる不満が募った結果、浮気をしてしまいスマホを見られて速攻でバレた、など同棲カップルの嘆きは数多く耳に入る。

同棲と言うと結婚までの甘美なモラトリアム期間のイメージを抱きがちだが、実際には相手の裏の顔を見ても好きなままでいられるかの最終点検タイムである。
そしてお互いの好意をほのめかし合い、お互いの形をなぞり合い、相手のひとことに戸惑い傷つけ合った、やわい恋のボーナスタイムの終点でもある。

一緒に住み始めると、愛情や愛着が加速する一面もあるが、会いたくて震える、寝る前に5分だけでも声が聞きたくて胸が詰まる、などという恋特有の体調不良は消えてしまう。

同棲したからといって相手に何かを期待しないほうがいい。もはやラブラブな夢の同棲生活というよりは、合理的で愉快なシェアハウスととらえると、がっかりせずに済むかもしれない。

そして、同棲にはいくつかの罠と心得がある。

①エリア選びは綱引き！

遠足はお菓子選びから、同棲はエリア選びから始まっている。

大体はお互いの職場の真ん中あたりで探すのが相場だが、在宅ワークの会社が増えてきたこともあり、どこまで自分の主張を通すか、相手の都合に合わせるか迷うカップルたちも多い。

勤務地が同じ地域で、優先順位や趣味嗜好が似通っているカップルなら話は早い。知り合いのおしゃれカップルは飯田橋駅の近くのデザイナーズマンションを借りて、毎週のように神楽坂の路地裏ビストロでスパイスの利いた煮込み料理を食べ、焙煎所でこだわりエスプレッソをすすっている。

郊外に居を構えた夫婦は、アクセスと引き換えに100平米近い家でふわふわのポメラニアンと暮らし、近所の総合公園でピクニックをしたりポメと走り回ったりと平和な日常を手に入れた。

だが、丸く収まるカップルはそう多くない。

勤務地やよく遊ぶ馴染みの場所も違えば、出せる家賃の上限も違う。好みの街の景観や店の趣味がぴったり合うことなんてほとんどない。

どの駅、どのエリアで家探しをするかは、いわば**「エリア綱引き」**だ。エリアを譲りたくないときは、エリア以外のこだわりを箇条書きにしてみるといい。

まず部屋探しの条件は、基本的に女性のほうが多いだろう。

周辺環境の治安、マンションのセキュリティ、モニター付きインターホン、虫予防や防犯を考慮した階数、スーパーやコンビニだけでなく病院やドラッグストアの充実度、洗面台の広さ、部屋の新しさや収納の広さ。

実際に話し合ってみると「そんなに条件多いの⁉」と驚かれながらも、一つひとつ理由を説明していくと、「確かに（君が気にするのもわかるよ）」と相手の理解を引き出せるだろう。

そこでだ。この条件は妥協するから、私の希望エリアで探さない……？と人生で一番角度をつけた上目遣いとともに涙を目に溜めて乞うてみよう。

エリア選びが有利になること間違いなし（経験談）。

②家賃負担と家事負担はニコイチ

家賃負担の割合は収入に応じて決めるのが一番フェアに思えるが、住んでみると家事分担が落とし穴だったことに気づく。

同じくらいの収入のカップルが家賃をきれいに折半して住んだものの、結局、家事も買い出しも女性側が多く負担することになり、「これなら一人で住んだほうが経済的にも家事的にもラクだった！」と愚痴る構図は、同棲あるあるだ。

物件選びの段階から、**家賃負担と家事負担はセットで考えたほうがいい。**

だが、「あなたはどうせ家事やらないから」と同棲を前に決めつけるのはさすがに意地悪すぎるため、いったん家賃は年収に応じて負担することにして、家事負担が偏った場合にお互いが気分よく暮らせるような措置を講じておくことをおすすめする。

例えば、忙しいモーレツ社会人同士のカップルで週末に臭気を放つ洗濯物の山を見ることになると予想できるのなら、同棲前に思いきってドラム式洗濯機を割り勘で買う、どちらか片方が家事を多めに負担すると容易に予想できるのなら、片方が時短家電を買う、など。

最初のうちはお互いのペースや家事へのコミットもわからないため、「同棲始めて○カ月は様子見、それで家事の負担が明らかに違うようなら、家事を負担していないほうがこの家電を買う」と最初に取り決めておこう。

以上、片づけと掃除が壊滅的なあまり、自らお掃除ロボットを献上した私からのアドバイスだ。

③二人暮らしに必要なものランキング

円満な同棲ライフに必要なもの第１位。それは「一人時間」だ。

どんなに好きな相手と暮らしても、一人の時間がないとキツい。

はるか昔に１Ｋ同棲の経験があるが、お互いが一人になるために毎日のようにカフェやファミレスに行っていた。ケンカをするとどちらかが夜に家を飛び出し、近くのバーで無為に時間を過ごすか、友達の家に深夜タクシーを飛ばした。その経費や手間を考慮すると、もう一つ部屋の多い家に住めたのではないかとも思う。

そもそも、一人暮らしに慣れた人間が誰かと一緒に暮らすのは相当な心労。外の世界で揉まれて踏みつけられて傷ついた羽を癒やすのが家であるべきなのに、家の中にまで他人がいて傷つけられる心配があるなんて、落ち着けるわけがない。

一般的に女性は特に気を遣うことも多いだろう。彼の前で6年前からのベテラン戦士のダル着を着ていいのか、ソファで足を広げてあられもない格好をさらしていいのか。その恥じらいがなくなってくるまでには1年ほどかかる。セクシーなナイトウエアを年がら年中着るわけにもいかない。

トイレの音が聞こえないように「音姫」のような音消しグッズを設置し、おならをもよおしたらベランダに出てする、というおシモまわりの独自ルールを徹底しているカップルもいる。

作業や読書に集中したいとき、相手と距離を置きたいときもあるだろう。理想としては、狭くてもお互いの部屋を持つか、別々に過ごす休日を決めて、自動的に一人時間を確保できる〝システム〟を設けることだ。

同棲前はどう距離を縮めるかが大事。同棲後はどう距離を保つかが大事。

④タイミング合わせの術

「私は料理も掃除もしてるのに相手は皿洗いしかしない」

「俺がトイレ掃除をしても気づかない、お礼のひとこともない」

家事分担は、同棲の鬼門だ。


ときどき耳にする「気づいたほうが家事をやればいい」説は、同程度の衛生観念と自立心と、二人の善意の上にのみ成り立つきれいごと。

実際にはお互いの家事能力も違えば、それぞれ苦にならない家事、絶対にやりたくないという家事もあるだろう。

「私のほうが多くやってる」「俺もこれやってる」と、やってる合戦になると不毛だ。

そんなときは、相手と同じ家事の分量はこなせなくても「タイミング」だけは合わせると、穏便に事が進みやすくなる。

週末に相手が掃除機をかけ始めたら皿洗いをする。どうしても家事をやりたくない気分のときは、日用品や食料の買い出しに行く。

とにかく、相手が家事をしているときには居間でゴロゴロせず、**その時間だけでも自分も何かしら家事に貢献しますよ、**という姿勢を見せることが大事だ。

また、相手が自分の家事の貢献度に気づいてくれないと文句を垂れるくらいなら、相手の見てないところで家事をやったときは、子どものごとく「これやったよ！」と逐一報告すること。

相手が家事をやってくれたときは、親のごとく「ありがとう！　見てないところでやってくれるなんて嬉しい！」と逐一ほめること。

お互いが自分の家事負担をアピールし合い、バカップルのごとくほめ合うくらいが理想的だ。

「察してちゃん」「察してくん」とは、誰も仲よく暮らせない。

⑤正しさの証明で人は動かない

他人と一つ屋根の下で暮らしていると、日常の小さな衝突は避けられない。ゴミ袋の結び方が違う、コンビニでお菓子を買うなんてもったいない、パンツ一丁で部屋をうろつくな、など相手の揚げ足をとろうと思えば無限に穴は見つかる。特にお互い慣れない環境で同棲を始めると、二人の「擦り合わせ」と「新生活への慣れ」の二つが重なるため、最初の3カ月はケンカが頻発する。

そして注意しても相手の行動が改善されなかった場合、私たちは相手に自分の理屈をわからせようと、「普通は」「常識的に考えると」などという言葉の武器をぶんぶん振り回すのだ。

私も口論になると、「普通に考えてさぁ」と大層な武器を降りかざすことがある。だが「普通」「常識的」という言葉で相手を説得できたことは、人生で一度もない。

〝常識とは18歳までに身につけた偏見のコレクションのことを言う〟とアインシュタインとかいう偉いおじさんも言っているじゃないか。

同様に「普通」も大体は自分の半径5メートル以内の平均値のことをさす。それは自分が今まで生きてきた、心地よいと感じられる「生息環境」の中での基準でしかない。

ヤンキーの縄張り争いでもない限り、口論やケンカの目的は和解や合意であるはずだ。そして自分が何か主張をするときの目的は、**相手を言い負かすことではなく相手に納得してもらうことだ。**

世間一般ではこうだからあなたの価値観や感覚はおかしいですよ、と相手の神経を逆なでするような論法を使って、相手が「なるほど！　そうだったのか」と膝を打つわけがない。

実はカップル間での強力なロジックは、世間一般の「常識」でも小難しいデータの引用でもなく、自分の望みや不安、限界を言語化して開示し、相手の善意を前提に対話を試みることだったりする。あなたがこれをすると私は悲しい、困る、不便だ、あなたがこうしてくれると嬉しい、安心する、というふうに。
コミュニケーションにおいて、自分自身の〝心のモード〟は相手に一瞬で伝染するので、こちらが好戦的かつ高圧的な物言いをすれば、相手も同じように牙をむくことになる。
逆に子どもに話すくらい優しくシンプルに語りかけることで、つられて相手の心もやわらかくなり、話し合いを受け止めようとするスポンジのような素地が生まれるのだ。

カップルのケンカで「私（僕）がこんなに論理的に話してるのに、なぜわかってくれないの？」という嘆きをよく耳にするが、**人の気持ちや言動は「正しさ」の証明では動かない**ことを肝に銘じなければいけない。これは、弁が立つ、頭がいいと言われてきた人ほど陥りやすい罠だろう。

そして同棲のやっかいなところは、ケンカや口論が起こった「後」も生活が続くということだ。ケンカを引きずって重い空気の中、同じ空間で生活するのも気まずいし、暮らしの中心である「家」が安心できない場所になるのはお互いにとって得策でない。ケンカの後処理としてはルールを決めておくと便利だ。

「お互いに言いたいことをぶつけ合った後は、どんなにムカついていても一度ハイタッチをする」という独自の仲直りルールを実行している友人カップルもいる。

家の中で気を張るのもお互い疲れてしまうので、ケンカを長引かせないためのルーティンみたいなものを定型化しておくとラクになるだろう。

私のおすすめは、ゲーム要素を持ち込む作戦だ。

「されて嫌なこと」を同じ数だけリスト化したメモを冷蔵庫に貼っておく。相手に嫌なことをされたときには正の字を書いて、どちらかの正が完成したら高級ランチをおごるというものだ。二人ともケチなので、目を見張るスピードでお互いの怠惰なところや無神経な部分が改善された。

他者と暮らす際に役立つのは、**「正解」を言い当てる力ではなく「最適解」を作り上げる力**だ。

⑥同棲生活の出口戦略

結婚願望がない人は、この項目をすっ飛ばしてほしいのだが、同棲は最大にして最後の「結婚意識ポイント」だ。

一緒に住み始めて二人暮らしの最適なペースをつかむと、もうこのままでいいんじゃないか、結婚なんて面倒なことは考えずに二人でマイペースに暮らしていこう、という気持ちになってくる。

どちらかにわずかでも結婚願望がある場合、同棲カップルの「結婚のタイミングない問題」は非常に深刻だ。妊娠や転勤などの強い〝外部要因〟がない限り、わざわざ結婚に踏み切ろうなんて思わない。

というのも、結婚に向けて動き出すということは、結婚によって生じる義務と責任、失う自由について真剣に考え始めるとともに、穏やかな同棲生活に「両家顔合わせ」「周囲へのご報告」「入籍」「挙式」というかなり重めなＴｏ ｄｏリストがぶち込まれることを意味する。

しかもこれらの手間をかけたとして、得られるものは「法律上の夫婦」になったという手触りのない事実だけなのだ。

同棲して2年たつのに結婚の話が出ない！とプンプンしている女性をごまんと見てきたが、私には彼氏側の気持ちが痛いほどわかる。だって面倒な手続きに見合う結婚のメリットが見当たらないんだもの。

この事態を避けるためにも、同棲のスタート時に「強い外部要因」を二人でこしらえておくことをおすすめする。

部屋に転がり込むスタイルの同棲を除き、同棲を正式に始める多くのカップルは、親への挨拶を行うだろう。それはけじめでもあり、親を安心させるための礼儀でもある。つまり同棲に際して親に挨拶を入れるのは、私たちの関係にここらで一つ区切りを入れましょうという意思表示なのだ。特に女性側の親に一度も会わずに同棲を始めたというカップルは少ない。

女性の親を前にすると、男性の口からは「結婚を前提にお付き合いしております」の定型文が出てくるものだ。結婚願望のある人は、結婚の時期の目安を相手に宣言してもらうといい。

「順調に同棲生活が進めば○年以内の結婚を考えています」と、二人で事前に決めた締め切りを親に伝えるのだ。この宣言により、後になって「あのとき親にも言ったし」という外部要因のでっち上げが実現する。

同棲は「恋のボーナスタイム終了」だ。

お互いに相手のだらしない部分を見ては失望し、家事の押しつけ合いをしては自分たちの未熟さに疲れる。

そのかわりに、毎日会い続け、衝突と仲直りを繰り返すことで信頼関係という「連続ログインボーナス」も見えないところで貯まっていくのだ。

持続可能な関係

いつも家ではだらしない私だけど…
ダラ〜…
ZUBORA チップス
これからは彼氏とラブラブ同棲生活なの♡♡
おうちスタイルもかわいい私♡
あ〜風呂上がりのビール最高!!
ゲップ…
彼氏
BEER
ちょっと!!
キーッ
レディの前でゲップしないで!! 服ちゃんと着て!!
しかし数日後…
おい…
泥酔後に爆睡してた
はっ
レディが聞いてあきれるな…
そして2年後…
だる〜ん…
メシどーする?
ピザとる?
また? べつにいいけど

プロポーズの攻防戦

友人カップルと飲むときに、一つだけ気をつけていることがある。

それは「結婚」という地雷だ。たいてい結婚の話になると、

「私は考えてるんだけどね（チラッ）」

「……（苦笑）」

「あんた、なんで黙ってるの？　そもそも真剣に……」

という具合に彼氏が黙り込んでしまい、終わりの見えない静かな闘いが始まってしまうからだ。ジュエリー（指輪）や転職の話から飛び火することもある。

彼氏がそそくさと席を立ってトイレに行った途端、彼女のほうから、

「結婚の話を出すと不機嫌になる」

「同棲して2年たつけどプロポーズの気配がない」

「私の人生のこと、真剣に考えてるのかな」と、ふつふつと怒りの煮え立つ音が聞こえる。

彼女たちは決して「プロポーズしてほしい」とは言わない。人生を逆算して考えると、そろそろ結婚したいだけ。

でも心の底では、手間もお金も時間もかかるプロポーズという形で、好きな人から結婚の覚悟を示してもらうことに憧れている。

部屋で映画を見終わった後にいきなり言われる「結婚しよっか」のエモさに昔は憧れていたが、友人たちのプロポーズエピソードを聞くにつれて、プロポーズは家ではなく外で、すっぴんのダル着ではなくバチバチにメイクをきめてドレスアップをしているときに受けたいな、とむくむく欲望が膨らんでいく。

プロポーズを待つ女子の大半は「結婚して次のライフステージに進みたい」と「真っ赤なバラの大輪や指輪の箱パカ、あれ早く私もやってほしい！」が入り交じっている気がする。

プロポーズ待ち女子が増える一方で、男性側から「最近、彼女が結婚匂わせてきてさ」という愚痴もよく聞くようになった。

彼女の誕生日に相当奮発して、欲しがっていたバッグをあげたところ、「何もわかってないね。今日プロポーズがくると思ってエステ行ったのに」と彼女に泣かれた男性もいる。翌週に婚約指輪と結婚指輪を買いに連れ回された挙句、2枚のクレジットカードが上限を超えて泣く泣くATMに駆け込んだらしい。

なぜ女性は、結婚したくなっても「待ち」の姿勢を貫くのか。なぜ男性は「いや〜困ったよ」的な立ち位置になるのか。

確かに映画やドラマでは、男性から女性に求婚するシーンが多く見られる。だが、そもそもプロポーズ（propose）のもともとの意味は「提案する、申し込む」で、男性からと決まっているわけではない。記憶の限りでは「逆プロポーズ禁止令」なんてものもないはずだ。

一般的に、令和になった今の時代でも結婚に伴う責任や負担は男性のほうが大きいとされているし、財布の紐を握られたり外出を制限されたりすることで「経済的にも行動的にも自由がなくなる」と感じる男性は多い。

もちろん、女性側にも「妻だから」という理由で家庭内役割を押しつけられるリスクだってあるわけだが。

そして「結婚」のタイミングについて男性陣の意見を聞く限り、結婚というものは収入が安定し、キャリアや未来の見通しが立ってからするものだ、という感覚がまだ根強い。年収が上がってから、何かを成し遂げてから、落ち着いてから結婚を考えたいという常套句はよく聞くが、**アラサーの我々に「落ち着く」タイミングはない**。何か大きい仕事が一段落すると、その報酬としてさらに大きい仕事がやってくる。前に進む限り人生に落ち着くタイミングなどないのだ。

なかには「俺は将来もっとモテるはず」「もっといい人と出会えるかも」と淡い期待を抱くあまり、結婚を渋る人もいる。

そもそも結婚願望がなかったり、結婚や家庭にネガティブなイメージを持っていたりする人もいるため、パートナーとの結婚観の共有は早めにしておいたほうがいい。

予期せぬ妊娠や駐在・転勤などの要因から駆け込み結婚をする場合もあるが、タイミング任せにするには「結婚」はあまりに重いライフイベントだ。

「そろそろ結婚したいけど、自分から言うのは負けた気がする」と彼女側は言う。負けたって、我々は何と闘っているのだろう。

プロポーズの圧をかける時点で、もう逆プロポーズをしているようなものじゃないかという気もする。

彼に強く結婚を意識させるには、某結婚情報誌を机に置いて彼の反応を待つゼクハラと呼ばれる方法が有名だが、他にも色々と素敵な方法がある。

うまいなと思ったのは、彼氏と付き合って2年半、おしゃれなリノベマンションで同棲して1年ほどになる女性（当時27歳）の例。

何もない週末に二人でお酒を飲みながら、ウエディングシーンが出てくる恋愛映画を見ていたとき、ソファにもたれる彼に言ったらしい。

「うちらどうする？　早くしないと私から言っちゃうけど」

小粋すぎるひとこと。大粋。


彼氏は、本当は来年しようと考えてたんだ、と嘘か誠かわかりづらい言い訳をしながら相当焦っていたらしく、その年のクリスマスにプロポーズする予定を「前倒し」してくれたらしい。この話の再現ドラマは、いたずらっぽい笑顔が似合う伊藤沙莉ちゃんにぜひとも演じてほしい。


かたや、予想もしなかった方向から彼の心を刺しに行くパターンもある。

年末のカウントダウンは一緒に過ごし、お互いの「今年の抱負」を言ってから飲み明かし、元日の昼に二日酔いの頭を抱えながら実家に帰るのがお決まりの友人カップルの例を紹介しよう。

今年の抱負を言い合う際に、彼女がカラッと宣言したそうだ。

「今年はとりあえず結婚かな〜。お婿さんいなかったら見合いでもするけど、エントリーする？」

彼女はガハハと笑い、彼の戸惑う表情を見ながら日本酒をぐいっと飲み干したらしい。彼は二日酔いとは違う意味で頭を抱えて実家に帰り、悶々としながら結婚を真剣に考え始めた。

彼にとっては新年早々強すぎるボディブローだったかもしれないが、交際2年記念の旅行先で無事にプロポーズは成功したらしい。

彼のほうから結婚の話題を出してほしい、サプライズでプロポーズをかましてほしいと「待ち」の姿勢でいると、なかなか事は進まない。

「いつか結婚するならこの子と」くらいのぼんやりしたイメージしか持っていない彼氏側と、「20代で結婚したい」「子どものことを考えると今年中には婚約せねば」と逆算思考でやきもきしている彼女側のギャップは、対話なしに埋まることはないのだ。

そして、自分の思い描く未来や自分の願望に対して、自分起点で行動を起こそうとしない、きっかけを作ろうと試みないスタンスはあまりほめられたものじゃないだろう。カッコ悪い。かといって、手当たり次第に自分の願いをぶつけて決断を迫るのは悪手だ。ヒステリックな女、感情的な女というのは多くの男性が苦手とする生きものだから。

結婚の話は押し売り営業ではなく〝交渉〟と考えよう。3カ月くらいをめどに「気持ちを整理する期間」という名の猶予を与え、相手の決断を待つことが必要だ。いきなり決断を迫ったり駄々をこねたりすると、あとで尾を引く原因になる。

婚約後に待ち構える実家への報告、両家顔合わせ、結婚指輪購入、同居などの準備や結婚生活で揉めたときに「あのときお前が言ったから」と険悪なムードになりやすいのだ。

お互いがそれぞれ自分の意思で決断をしたという共通認識を持ち、二人の未来に対する責任を引き受けるという意味でも、男性側に時間と決定権を持たせることが重要だろう。

理想のプロポーズ

20代前半——
テーマパークデートした夜に〜
お城の前でひざまずいて指輪パカーって〜!
うんうん
夢ある〜
20代後半——
海外リゾートの〜
キレイな夕日で〜
カロティエの指輪で〜
憧れるよね〜
ウチなんか都内のレストランだったよ〜
指輪もノンブランドだし。。。
30代前半——
何気ない休日とかに部屋で
「結婚する?」みたいな
カジュアルなのでもいいかな〜って…
そういうのもいいね〜
30代後半——
事実婚状態じゃ
なんかあった時に色々と面倒だから籍入れようって私から言ったのよ
えらい!
よく言った!!

「親」という関所の通り方

同棲や結婚などの節目には「親への紹介」という高難易度のイベントが待ち構えている。これをクリアするためには、周到な準備が必要だ。

どんなに不甲斐ない子どもでも、親からすれば一級品。

そして親にとって、子どもはいくつになっても自分の子。大切な我が子が誰と一緒に暮らすのか、危ないことはないか、相手から家事や経済面の負担を強いられることはないか、きちんと将来について真剣に考えているのか、など無限に懸念事項がわいてくることだろう。

年齢、職業、学歴、出身、人柄、家柄……特に少し保守的な家庭では「結婚の意思の有無」について執拗に問いただされることになる。愛する我が子の「お相手」との初対面の場では、親は顔に菩薩のような微笑みを浮かべながらも、心の奥には、1ミリでも疑念が生じれば身ぐるみはがして暴き出してやろう、という強行犯捜査に挑むベテラン刑事が潜んでいたりする。

25歳で訪れる第一次結婚ラッシュ。アラサーにもなると「親からの評価」という厳しい関所に引っかかったカップルは少なくない。

年齢が10以上離れている、相手の職業がフリーランスで不安定、相手の両親が新興宗教を信仰しているなど理由は多岐にわたるが、「会ったときの礼儀や作法がなっていない」という「なんとなく嫌」に近い暴論パターンも実在する。

特に親の思想や偏見が強い場合は、文化や家風の違いにより親兄弟だけでなく祖父母や親戚までもが口を出すことも少なくない。地方のいいとこのお嬢さん・お坊ちゃんの親への挨拶エピソードはなかなかに前時代的で、聞いていると脳内にセピア色の再現映像が流れ出す。

強烈だったのは、いわゆる「地元の名士」の長男の話だ。親戚にも議員や医者が多く、彼女を連れて実家に帰った際には、奥の間から祖母が出てきて（ラスボス感）、彼女の出身地や経歴、親と祖父母の職業や最終学歴にまで言及されたという。その後、彼女は、彼の母親からの「あなたは長男だし、家柄が同じようなお嬢さんがいいと思う」的な内容のＬＩＮＥを見てしまい、二人はぎくしゃくして別れてしまった。ずいぶん後になって聞いた裏話によると、実はラスボスばあちゃんが興信所を使って彼女の身辺調査をし、大学時代に水商売のバイトをしていたことが「うちの家格にふさわしくない」と問題になったらしいのだ。

たまにこのような事案を耳にすると、家柄や身分の差なんて18世紀のイギリスじゃあるまいし……と反発心を覚えるが、地方や世代によってはまだまだ家制度の名残や、異質な文化への偏見が根深く残っていることが多い。また、育ってきた環境や経済状況の違いが後々になって大きなトラブルの火種になりやすいというのも、一つの真実だろう。

一方で、留学先のオーストラリアで出会った現地の学生と恋に落ち、双方の親が柔軟で結婚の話もスイスイ進み、遠距離結婚を経て20代半ばでオーストラリアに移住したフッ軽ガールや、小さい子連れのシンママになったが見事に同じ職場の好青年と再婚、という幸せわしづかみ系女子も存在する。

同棲や結婚の話を平和かつ円滑に進めるためには、親が難色を示す前に先回りしてトラブルの芽を摘みとることが重要だ。

同棲や結婚など親を巻き込む段階になったときは、男女ともに**「私は営業、親は顧客」**くらいの心構えをしておくほうがいい。自分はどフロントに立つ営業として、親とのコミュニケーションをとり、商談を進める機能を果たさなければいけないのだと肝に銘じよう。

自分の彼（彼女）に**「親と仲よくなってもらう」のではなく、自分が「両者をつなぎ、ちょうどいい距離を保たせる」**のだ。

嫁vs姑バトルはよくドラマにも取り上げられるテーマで、夫が板挟みになって夫婦ゲンカ勃発、までがセットで語られる。

現実世界でも「うちのおふくろと嫁が仲悪くてさぁ～」と愚痴をこぼす人を見

かけるが、「僕は仕事のできない人間です!!」と宣言しているようなものだ。

自分の親が恋人を気に入らないかもしれない、と危惧しているならば、親が暴走して恋人に失礼な言動をとらないよう、しっかりと親の手綱を握っておかなければならない。

少しでも懸念材料があるならば、世間話程度の軽い顔合わせ(ここではネガティブにとられそうな情報を出さないでおく)→電話などで自分から親にパートナーの情報を入れる→正式な同棲・結婚の挨拶、という3段構えにするほうがいい。ネガティブ情報を先に伝えると、親は偏見の入り交じった目で相手をジャッジし、一度しかない〝第一印象チャンス〟が悪いものになってしまう。

とりわけ家柄や出自にかかわるセンシティブな問題や、体や健康状態にかかわる問題について親が口を出そうものなら、断固として拒絶し、相手を守らなければいけない。

親は自分とは別の人格で、生きてきた時代も世界も違うため、私たちの世代からすると、ぎょっとするようなデリカシーのない発言や偏見にまみれた言動をとることもある。立派な親御さんでも、心のどこかでは自分の子（とそのパートナー）には何を言ってもいい、と潜在的に思っている人もいる。

そんな親と対話を重ねてもわかり合えない場合は、「これ以上理不尽なことを言うようなら、しばらく距離を置かせてもらいます」ときっぱり跳ねのけるしかない。もしも相手が矢面に立って自分をかばってくれないような人間であれば、自分の自尊心がボロボロになる前に、その相手とのお付き合いを見直したほうがいいだろう。そんな人間とチームになって将来背中を預け合うなんて到底無理な話だからだ。

家族のカタチ

一人の友人が25歳で結婚した。

彼女は、入籍前に「婚前契約書」を作った。

相手にいつまでも思いやりを持つこと、「妻だから」「夫だから」を理由にして相手を責めずに自分たちに合った結婚を模索すること、お互いの夢を応援すること……などが書かれているオリジナルの契約書だ。

堅苦しいものではなく、大好きな彼を大好きなままでいるために作った契約書で、結婚や夫婦にまつわるしがらみを少しだけ遠くにやる契約内容だった。

「結婚」という制度は、得体の知れないものだ。

生まれたときから所属していた家族のもとを離れ、新しい家族を自分と他者の共同名義で構築する。「家族」と聞くと、どうしたって親兄弟や祖父母の顔が浮かんでくる。私たちは、他者と家族である〝状態〟は知っているが、誰かと家族になる〝営み〟についてはは馴染みがない。

それは、中高生のときに思い描いていたような「ウェディングドレスを着て祝福される」ことにも、「毎朝、隣に並んで歯を磨く」ことにも当てはまらない気がする。

私たちは、いつかの誰かではなく、目の前の他者と〝つがい〟になる未来を考え始めた瞬間から、自分が作るかもしれない「家族」というものの輪郭を否応なしに意識させられる羽目になる。

婚姻届を役所に提出して受理されれば、法律上は立派な「家族」になる。多くの女性の場合、自分の一部であるはずの苗字を切り落とし、新しい苗字をそこに付け替えることになる。旧姓のまま働ける職場は多いものの、健康保険証、マイナンバーカード、銀行口座、各種クレジットカード、運転免許証、パスポート、携帯電話……とにかく名義変更の手続き地獄に追われるらしい。なんだか相手の付属品になったみたいだ。

とあるJ－POPの結婚ソングの歌詞に「苗字がひとつになった日も〜」とあるが、厳密に言うと苗字が一つになるというより、一つの苗字にどちらかが合わせるのだ（曲自体はとても素晴らしいので、知らない人は聴いてほしい）。

結婚した夫婦のうち96％は女性側が姓を変えているのがこの国の現状で、夫婦同姓を法律によって強制している国は、先進国では日本だけという。実際、日本は国連から何度も法改正を勧告されている。

苗字を変えたくない人や法律婚に縛られたくない人には事実婚という選択肢もある。事実婚の夫婦は「二人が婚姻の意思を持っている」ことが前提とされる。

当人同士が「結婚している」と思っていれば届けなどはいらないのだが、夫婦であることを証明するための手続きをしておいたほうがなにかと都合がいい。簡単なのは、役所の窓口で事実婚をしたい旨を告げ、住民票を同一世帯にし、世帯主の続柄を「妻 or 夫（未届）」と記載してもらうことだ。さらに公証役場で事実婚の公正証書を作成してもらうと、家を購入するときや病気になったときにスムーズに手続きを進めやすい。

法律婚は「ゼロかイチか」だが、事実婚は「グラデーション」。事実婚を選択する場合は、婚姻届をぺろっと役場に提出するのとは異なり、自分たちの権利や義務、意思をどこまで証明するか、どの程度のゆるさを持って自分たちの関係を定義するかのカスタマイズが可能になる。

片方が苗字の変更を強いられないのは事実婚の大きな利点だが、法律に守られない関係ゆえのデメリットも存在する。

知り合いの事実婚カップルは、彼の転勤が決まり、リモートワークの勤務形態にする旨を伝えたところ、「夫ではない〝彼氏〟の転勤では認められない」という判断が下り、泣く泣く婚姻届を出したという。

20年以上事実婚を貫いてきた別のカップルは、妻が余命宣告を受けてから死後の手続きを考え始め、仕方なく婚姻届を出したという。事実婚では、場合によっては手術や治療の同意、生命保険の受け取りも難しく、遺産相続も「公正証書遺言」を作成しておかないとできない。予期せぬ不幸が降りかかった場合、事実婚の夫婦は圧倒的に不利になるのだ。

また、事実婚で生まれた子どもの親権は母か父の単独親権。一般的には出生届を出して妻（母）の戸籍に入り、姓も母のものに。「非嫡出子」と見なされるため、父親が認知届を出さない限り、父親が亡くなったときに財産の相続権がないという事態になる。

不妊治療をするにも事実婚の場合は証明が必要だ。体外受精をする場合には二人の戸籍謄本のコピーを提出しなければならない。助成金を受けるにしても法律婚よりかなり面倒だ。

とにかく何をするにも夫婦である証明が必要で、様々な節目で手続きの嵐に見舞われることになる。時間と労力を惜しまず、確固たる信念を持っていない限り、日本で事実婚を続けるのは相当難しいだろう。

同性カップルについては「パートナーシップ制度」を導入する市区町村も増えていて、現在（2022年11月）、240以上の自治体で取り入れているそう。東京都では2022年11月1日から運用が始まった。制度を利用するカップルは住宅や医療、福祉の面で、法律婚の夫婦と同等に自治体のサービスを受けられることになる。一方で、養子縁組や相続、配偶者ビザなどに関してはまだ効力が及ばない。

同性カップルで家を借りようとすると、男女の事実婚夫婦とは違い、大家さんから「結婚を視野に入れないカップルはお断りしています」と言われて審査に落ちることもあるという。

事実婚にしてもパートナーシップ制度にしても、法律で守られた結婚ではないため、二人の間では「パートナー」「家族」であっても、社会的認知や相続などの問題ではまだまだ不利益な面が多い。

とはいえ、法律婚を選んだとしても、やっかいなことだらけ。法で守られることも多いけれど、言い方を変えれば法に縛られているのだ。法律婚をすると、パートナーの3親等内の親族は自分にとって「姻族」となり、ときに様々な義務権利が生じることもある。

中国の偉い思想家が「三十にして立つ」と論じていたように、自分のことは自分で責任を持てと言われ続け、なんとかできるようになってきた。そこで誰かと「家族」になり、相手（とその親族）の生活や言動に対しても責任を負うとなると、いかんせんアラサー平社員としては荷が重すぎる。

だからこそ、法律婚をするにしても、私は婚前契約書を交わしておきたいと思っている。無機質な婚姻届には、家事・育児の分担も、お互いの親兄弟への責任範囲も取り決められていない。親との同居問題、病気になったときのケア、介護問題も、「長男の嫁が担うのが当たり前」「そのときになったら考える」のではなく、結婚前から話し合っておく必要がある。

昔は男性のキャリアに合わせて女性が住まいや職を変え、家族の新しい生活を支えるのが当たり前だったが、今は妻のほうが収入が多い場合もあり、夫が妻の転勤に帯同するパターンも見かける。だが、そもそも稼ぎの多いほうが諸々の主導権を握り、そこに家族が合わせるという前提は、家族の誰かを犠牲にして成り立つものだ。

性別による役割分業（ジェンダーロール）や「男らしさ」「女らしさ」の呪縛から解かれても、「経済合理性」を優先するのが正なのか、それは家族の幸せにつながるのか、という議論が必要になってくる。

25歳で婚前契約書を交わし、結婚した友人は、今は夫と離れて海外留学中だ。お互いの生活とキャリアを尊重し、相手の夢と野望を応援した結果ではあるが、はたから見ても相当な努力と工夫を重ねながら、夫婦間のコミュニケーションや愛情の維持を図っている。

世間一般では、「家族」という概念には「同居」の要素も含まれるだろう。夫だけ単身赴任している家庭は昔からあったが、妻が留学や仕事で海外にいる、母親が離れて暮らしている家庭は、世間から見ると特殊かもしれない。**でも「世間」は家族に何の責任も負ってくれないし、幸せにつながる道も示してはくれない。**

家族になるという営みは、〝世間一般〟の外に自分たちのチームという解放区を築き、その運営の難解さにてこずりながらも、なんとか一緒にやっていく過程なのかもしれない。

結婚式の憂鬱

「人生で一番幸せな瞬間を」「世界一幸せな一日を」という結婚式場の広告に書いてあるメッセージ。あれは真実だと思っていた。

「アラサーになると結婚式ラッシュくるから！　ご祝儀用に貯金しときな」という先輩からのありがたい訓示。あれは冗談だと思っていた。

20代後半に突入し、コロナ禍3年目にもなると、確かに毎週のようにインスタに挙式の写真が流れてくる。

花嫁をお姫様抱っこしている花婿の顔をよく見ると、2カ月前のしょうもない合コンにいた男だったり、「純潔」と「嫁いだ家の色に染まります」という意味を持つ白無垢の写真を小学校の同級生が誇らしげに連投していたり、色々と感慨深いものがある。

もちろん私にもあった。結婚式に憧れている時期が。

22～23歳くらいまで結婚式は「最大の時間とお金をかけて催す文化祭」だと思っていた。窓の大きいチャペルで式を挙げ、天井の高～いホテルで披露宴を楽しんだ後、当時通い詰めていたクラブでみんなで踊り明かす夜――そんなふうに妄想を広げては、クラブの貸し切りにいくらかかるかなんて調べたものだ。

だがいくつか参列すると、どうも私に結婚式主催の資格があるか不安になってきた。

まず結婚式は、参列するだけでも大仕事だ。

挙式の前々日から高いパックを顔に貼りつけて肌のコンディションを整え、前日はどんなに飲み会が盛り上がろうとも午前0時には切り上げて睡眠をきっちり摂取。当日は早起きしてドレスを引っぱり出し、クリーニングのタグがついていないか入念にチェックし、やれヘアセットだ、やれ特別メイクだと美容室に駆け込む。

インスタのアーカイブをさかのぼり、直近の「お呼ばれドレス」がかぶっていないかチェックする。どうしてもかぶってしまう場合は、小物かヘアメイクでマンネリ防止（気にしているのは自分だけで、人は自分のことを見ていない説も）。参列者の友人3人で並んで写真を撮るときに、代官山のセレクトショップで買ったらしいひらひら透け透けのヴィンテージドレスと、桁が1つ違うヴァレンティノの原色ワンピースに挟まれたときは、やけくそで変顔をかますしかなかった。私が1週間前に駆け込みで通販で買った無難な紺のワンピースはかすんで見える。かすんだまま消えてくれ。

純白のウェディングドレスに包まれた友人を見ると、ひねくれ者の私もさすがにグッとくるものがあるのだが、そんな感動もつかの間。チャペル内に響き渡る「スコヤカナルときも、ヤメルときも……チカイマスカ？」というバイトの牧師さんの誓いの言葉が始まると、腹の底から笑いたくなる衝動に突き動かされる。

全校集会で校長先生が話し出す直前の沈黙や、修学旅行の夜に騒いだときの学年主任による正座説教タイムのあの感じ。笑ってはいけない静かな空間では、どうしても笑いたくなるのが本能というものだ。笑いの衝動は新郎新婦の接吻まで続く。

こんな大勢の前でチューしてる……しかも結構長いぞ……舌の先っぽとか入れてるのかな……みたいなことを考えながら、牧師さんの立派な白ひげをぼんやり見つめて笑いを耐え忍ぶ。

入場の扉から祭壇まで、新婦の人生（過去・現在・未来）を表すヴァージンロードを新婦が父と一緒に歩き、父が新郎に娘を渡すという慣習もよくわからない。最初その演出を見たときは、目に涙を溜めている新婦のお父さんを見て自分の父親を思い出し、鼻の奥がツンとなった。

今は「どうして新婦の横にお母さんはいないの？」「どうして新郎はヴァージンロードを歩かないの？」「どうして？」と胸の中で余計なツッコミが反響するばかり。だって結婚って、親の戸籍を抜けて二人で新たな戸籍を作るものでしょ。

次にくるのは未婚女子の大鬼門、ブーケトス。いつかの参列時に、腕を上げづらいドレスを着ていて隅のほうでこそこそしていた私は、未婚仲間の友人に「ちょっと！　一人で抜けんのなし！」と鬼の形相で手首をつかまれ、ブーケ待機列のほうに連行されてしまった。

「ブーケをキャッチした人が次に結婚できる」なんて、今の時代ナンセンスすぎないか。結婚したい人、したくない人、制度の不備や様々な事情から結婚できない人、色々いるのにどうして未婚の女性はみんな「結婚したい人」の列に並ばされるの？

それなら男性も前に出てきて、バスケの空中戦のごとく、スーツがはち切れるくらい必死にブーケを取り合ってほしい。まあ古いジンクスに楯突いても仕方ないのだけれど。

披露宴では、着物を召した両家のご両親・親戚が下座に、祝辞を述べる上司や恩師（主賓）が新郎新婦の前に座る。

なるほど、「結婚式は人生の通信簿」とはよく言ったもので、立派な黒留袖とモーニングコートを召したご両親、上品な微笑みをたたえる親族、美しくめかし込んだ友人や体を張って余興をしてくれる好青年の部活仲間たち、格式高い会場を押さえられる財力……社会的な〝指標〟が詰まっている。

披露宴の定番セレモニーを華麗にスルーしていった友人夫婦もいる。

「うちらのケーキあーんとか誓いのキスとか需要ないでしょｗ」とファーストバイトや親族の参列は一切なし、誓いのキスも旅先の教会で済ませてしまった。なんとも潔い。

ご良家のお嬢様あるあるは「継承シリーズ」だ。母から受け継いだドレスのリメイクとか、極大パールのイヤリングとか、祖母から受け継いだお着物とか。

新郎をほめ倒す上司のスピーチは、あくびと闘う時間。戦を制してお酒や食事を楽しんでいると、二人の生い立ちムービーへ。そりゃあ大切な友人の幼少期をいい感じのBGMで流されると胸に熱いものがこみ上げてくる。だけど生誕から乳幼児、中学高校、大学を経て今に至るまで記録された写真や映像があまりにも〝正解ど真ん中〟すぎて、息が詰まることもあるのだ。

全期間にわたり誰一人欠けることなく笑顔で写っている親兄弟、実家の広い庭やアンティーク家具、海外旅行の写真は嫌味にならないよう選び抜いてハワイとヨーロッパの2枚のみ、中学から高校と徐々に垢抜けていく様子、クラスの仲間に囲まれた文化祭、汗と涙で光り輝く部活の思い出、**半生のすべてが大きい花丸で縁どられている。**

新婦からの手紙で違和感はピークに達する。

「いつものようにパパ、ママと呼ばせてください。パパ、ママ、〇年育ててくれてありがとう」から始まるささやかすぎる反抗期エピソード。お父さんを無視しちゃったとかお母さんと口ゲンカしちゃったとか、そういう類の。そしてパパとママのような夫婦になりますという慈愛に満ちた宣言。このコンテンツも例にもれず涙を強制的に引き出してくるのだが、もしもこれが本物の肉声ならば、どうして大勢の前でさらせるのだろう。家族って、ドロドロしたものじゃないのか。親の背中で眠った帰り道、親とつかみ合いのケンカをした夜、親がちっぽけで情けない一人の人間に見えた日、家庭内のしょうもない言い争いから、家族史に刻まれるような忌々しい事件。思い出すのも嫌なくらいの暗黒期。それを力ずくで飲み込んで、ようやく個別の人間として対話ができるようになった今。

新婦と親の誘い涙に屈しながらも、私は思わずにいられない。

家族って、もっとしんどいものじゃないのか。そんなにまろやかにまとめてしまっていいのか。

このように、今まで参列した結婚式のほとんどは、まがまがしい出来事や人に恥ずべき事情など私たちの人生に一度も流入しませんでした、と言わんばかりの美しくおめでたい空間だった。曇り一つない美しい球体のように。

我ながら面倒な奴だという自覚はある。友人の新たなスタートを寿ぐことすらできないのかと嫌になる瞬間が何度もあった。きっと私みたいな人間には、幸せのパスポートは交付されない。

だが、もう一歩踏み込んで他人の事情を聞くと、実は入り組んだ挙式の裏側があることを知った。

実家とは絶縁状態で、親族は妹しか呼べないため新郎の親族も親兄弟だけにしてもらった、本当は家族婚にしたかったが、親が自分たちと同じ挙式会場で挙げることを切望したため100名規模の大会場にせざるを得なかった、義理の親に資金面を援助してもらったが、装花の種類まで干渉されて当日まで新郎新婦の間で険悪なムードだった……など。

なんだ、みんな花丸じゃなかった。

書いては消して、間違えては消して、**何度も書き直した末に自分で自分に花丸をあげていたのね。**

私が瑕《きず》一つないと感じていた玉。みんな瑕の部分に1日だけ塗装して、金メッキをかぶせていたのかもしれない。まん丸でピカピカして完全な球体に見えたものは、本当はいびつな鉱石だったのかもしれない。

ここが変だよ、結婚式

誓いのキス
ヤメルトキモ…
ソレデハ チカイノ キッスヲ…
こんな大勢の前でキスしてる…!!
プププ
両親への手紙
お父さん お母さん… 今日私は お嫁にいきます…
いつの時代の嫁入りの話!?
昭和かよ…
よく編集された半生フォトムービー
入学式
3年A組
高校の文化祭
成人式
ちょっと待て…
黒歴史なくね?
私の記憶が確かなら…
ブーケトス
公開処刑
ホラ独身は前行って!
次こそ結婚できるように!
やめて!
結婚式は正直しんどい

「結婚してぇ」と「独身サイコー！」のはざまで

「あー結婚してぇ」

深夜11時。私たち以外誰もいなくなったフロアに魂の叫びが響き渡る。

急な業務対応があり、後輩と遅くまで残業していた夜だった。ぎょっとした。

「結婚したい」なんて言葉を生身の23歳男性から聞いたことがなかったから。

よほどぎょっとした顔をしていたんだろう。

「弱ってると結婚したくなりませんか？」と後輩の弁解が入る。

当時24歳の私にはさっぱり共感できなかった。残業でしんどい週は、金曜日に友達とどんちゃん騒げばいいじゃん。風邪で寝込んだときはネットスーパーやウーバーがあるじゃん、と本気で思っていた。

あれから幾星霜、結婚したい夜はまだ訪れないが、自分の中に近い感情を見つけた。働いて、飲んで歌って、二日酔いの頭を抱えながら三度寝して、天井を見ながら虚しさに襲われた土曜の夕暮れ時。仕事でもプライベートでもつらいことが続き、外に出かける元気も出ずに半泣きでカップラーメンをすすった夜。仕事や実家の愚痴パレードの直後に、「てか、もう結婚したいかも」「わかるー！　今すぐ結婚してぇー笑」と冴えないなぐさめが宙に舞った女子会。

それらは言い換えるならば、ＢＡＤモードに入ったとき口にする軽率な「死にたい」であり「しんどい」だった。

長年にわたり自分のことをそばで観測してくれて、理解してくれる相手が欲しい。「この人がいるから大丈夫」と思える誰かが欲しい。

人は、しんどくて死にたくなったときに結婚したくなるのだ。

大丈夫になりたくて、結婚したくなるのだ。

本当に欲しいのは、一生そばにいてくれると保証された存在であって、それは友人でもペットでもいいのかもしれない。

ところが30歳が近づくにつれ、「結婚してぇ」ではなく「結婚……してぇのか？　できるのか？」という余計な疑問符付きの感情に出会ってしまった。

あれは友人数名とイタリアンで食事をしたときのこと。私を含め、周りの多くの二十路女《ふたそじ》はお祝い事が大好きなので、その日は近日中に入籍予定の子と妊娠安定期に入った子にサプライズでデザートプレートを出す予定だった。コースの終わりにさしかかり、黒いエプロンをつけた店員さんが2枚の大きなお皿を持ってくる。カットされたフルーツや色んな形のケーキが飾られていて、メッセージとろうそく付きのザ☆お祝いプレートだ。ろうそくが消えないうちにみんなで写真を撮ろう、と腰を上げた瞬間、もう一人の黒エプロンがなぜか私のほうに追加のプレートを運んできてくれた。

「Happy Birthday」と手慣れた筆記体で書かれており、自分が2週間後に誕生日を迎えることを思い出した。

私の分のプレートをこっそり用意してくれたことへの感謝と嬉しさがこみ上げてきたが、いざ写真撮影となり、妊婦、新婦、私の順で前列に座って後列に女子二人が並んだとき、ひと筋の恥ずかしさが胸をかすめた。

初めての出産、一生に（おそらく）一度の結婚、ただの誕生日。部屋でゴロ寝をしていても必ず年に一度訪れるただの誕生日。対等に並んで一丁前に祝ってもらっているが、私とこの二人の「おめでとう」の重さは違うのでは……？　私も後列に並ぶべきでは？

それは生まれて初めて、座りの悪いぎこちない気持ちでケーキの上のろうそくを吹き消した経験だった。


それからしばらくすると、鈍感な私でも、身の回りで起こる異変に気がつくようになった。

「私事ですが」から始まる、かしこまったSNSの投稿文が増えてきた。

付き合っている人がいると伝えれば必ず「その人と将来考えてるの？」「何年付き合ってるの？　今何歳だっけ？　そろそろだね」と〝将来設計＋年齢〟のアンハッピーセットな質問を職場の先輩からいただくようになった。

スマホの画面に流れてくる〝婚姻届〟の3文字の上に置かれた金属の輪っかを見れば意地の悪い笑いがこみ上げるし、「プレ花嫁修業（笑）」と恥じらいの文字とともにあげられた照り輝くブリ大根の写真を見ると寒気が走るようになった。

同じような異常現象は周りでも頻発していて、毎週のように流れてくる結婚報告や結婚式の写真に耐えられずインスタのアカウントを新しく作り直した子、結婚する気はないのか、将来のことは考えているのかと親に尋問されるため正月の帰省を弾丸日帰りにした子、3年付き合っていた彼氏と別れて結婚相談所に駆け込み、授業参観のおかんのような服装を一式買わされ後悔にさいなまれる子など心強い独身仲間もいた。

親は私のような人間がすぐ結婚できるとは毛頭考えていないようで「今の時代、仕事は必修だけど結婚は選択科目よ」と甲斐甲斐しい言葉をかけてくれたが、その翌週には仮想通貨の記事とともに「ビットコインはやめなさい、お金は結婚とかのために貯めておけば」と脈絡ゼロのアドバイスがＬＩＮＥに飛んできた。行くあてのない結婚資金など今すぐ投信にぶち込みたい。

「婚活アドバイザーが暴露！　28歳と29歳の格差」という釣りタイトルだって、今までは華麗にスルーできたのに、意に反して指が画面をタップしてしまう。

小ざかしいアラサーにもなると「結婚」はイベントではなく日常であり、「婚姻」はロマンスではなくシステムだということがわかってくる。結婚生活が始まれば、今の自由気ままな生活の一部を失うことになる。苗字を変え、義理の親に採点をされ、親戚付き合いと帰省先は倍になり、保険を見直し、大きな買い物は夫婦で相談。

週末は飲み会かダル着ネットフリックスの私としては、想像するだけで気が遠くなり、心は重くなる。

それなのにどうしてみんな、嬉々として独身から夫婦という名の船に乗り込むのだろうか。自分が連れ添った苗字を、アイデンティティの一角を成す苗字を、出会って数年の人間のそれに切り替えられるのか。

「家制度」は1898年の明治憲法下の民法に始まり、戦後GHQの改革により廃止された。家に入った〝嫁〟が苗字を変え、主人が一家の責任を負うというシステムは75年も前に消滅したはずなのに……。

お揃いの苗字が嬉しい！という個人の感覚は自由だ。だが「同じ戸籍に入るんだから女が男の苗字になるのは当たり前でしょ」という主張を見ると、お前は時空を超えてやってきた明治政府からの刺客か？と身構えてしまう。もう、こじらせアラサーの立派な一員である。


「25歳で結婚して、26歳でウェディングドレス着る」

そう豪語していた友人は、計画を1年後ろ倒しにしたものの、学生時代からの彼氏と無事に遂行した。マイナス6キロのダイエットに成功し、純白、桜色、そして朝の空のような幻想的な青、3着のドレスに身を包んで現れた彼女は、ディズニープリンセス顔負けの〝主役〟だった。

「だってその頃が一番きれいな時期じゃん。ピーク過ぎてからドレス着たくない」

22歳の彼女が放った言葉は、今も私のみぞおちに沈んでいる。

私だって、結婚したい、純白のドレスを着てみんなにお祝いされたい、と一寸の迷いもなく瞳に光をたたえて言える人間になれたらどんなにラクだっただろう。まあいつかは結婚したいよね～とその場でヘラヘラ話していた友人たちの半分は、20代半ばで軽やかにその「いつか」にたどり着いたのに。

「結婚してぇ」という無責任な叫びは水を吸った真綿のように年々重みを増し、30歳が近くなると誰も口にしなくなった。友人やペットを求める感覚で、「そろそろ結婚したいかも？」なんて思っていた時期が懐かしい。

ひねくれ者の私にだって、恋の熱に浮かされながら、ああこの人とずっと一緒にいたいと思った瞬間は何度も訪れた。

一方で「結婚」したい、つまり（こじらせアラサーの直訳をかけると）婚姻制度に加担したいなんて思ったことは一度もない。かわいげのかけらもないことを言ってしまうと、「したこともないものを一生かけて成し遂げようとするなんて、正気の沙汰じゃないｗｗｗ」と思ってしまうのだ。

「結婚なんてのは、若いうちにしなきゃダメなの。物事の分別がついたらできないんだから」と樹木希林さんも言ってたじゃないか。

希林さん、若いうちって何歳までですか？　物事の分別はつきそうにないので、こんな歳でもセーフですよね？

大体アラサーは「将来」という言葉に弱いのだ。

結婚とともに語られる「将来」という言葉は、ずるりと私の胸に入ってきて、心臓のあたりにじわじわ嫌なシミを広げる。自分の寄る辺や居場所を脅かされ、今立っている場所がグニャリとゆがんだ気分になる。

ヤンキードラマで何回も見た「お前！　何だこれは」と担任が空欄の進路希望調査票を主人公に突き返すあのシーンみたいだ。

私たち独身アラサーは、世間という担任に「もうちょっと真剣に考えてこい」

と何度もこづかれ続けている。この歳だと、もうヤンクミ側なのに。

でも結婚という形なきプレッシャーが年々近づいてくるのと並行して、自分が一番心地いいようにカスタマイズされた生活の型は固定され、独身ライフはヨギボーのように私の贅肉にフィットする。

「結婚してぇのか？」と「いうても独身サイコー！」のはざまを行ったり来たりしながら、散らかった1Kの城で、私は今日もダル着ネットフリックスをキメている。

第2章

出産の限界と
育児の大変さについて
本気で考えてみた

「出産・友人の育児」編

産みたくないわけじゃないけれど

私の通っていた高校では保健体育の先生が何人もいて、それぞれの先生が自分の担当部活の競技とそのタームの保健の授業を請け負っていた。1年生の1学期はバスケの先生、2学期はサッカーの先生、3学期は新体操の先生、というふうに。保健の授業では、自分たちの体や健康のこと、各スポーツの文化背景について学んだ。

生殖の授業を受け持ったのは、新体操の先生だった。いつもベリーショートヘア、シャカシャカする青いジャージを着ていて、化粧っ気がないけれど唇はつつじ色に染まっていて、丸い瞳をした、なんか少年みたいな人だった。

小学生の頃は仲のいい女の子と、保健室で保健学習の漫画を読んでは「精子、卵子だって」「うるせーし」「知らんし」とか言って涙が出るほど笑っていたが、さすがに高校生にもなると生殖の授業は気まずくて、私を含め教室全体が冷えたようにシンとしていたのを覚えている。

思春期の下心を抜きにしても、先生の「いのち」の授業は面白く、目が合った友達と変顔をしたり、ミクシィの足あとをチェックしたりすることはなかった。

みずみずしく澄んだ高い声で、先生は生殖の仕組みや私たちの体の不思議について淡々と解説する。卵子のもとは、私たちが母親の胎内にいるときから500万~700万個くらいあって、生まれるときにはもう200万個くらいに減っている。（身体的な意味での）「女」の体の中で、生まれる前にはすでに一生分の卵が作られるのだ。月経が始まると、排卵の時期に成熟している卵子が一つだけ卵巣を飛び出すが、残りの卵子たちはしぼんでいく。1周期の間に約1000個もの卵子がなくなってしまい、月経が終わる閉経の時期には卵子の在庫がほぼ尽きるという。

私がオギャーと泣いて意識を帯びる前に、私の体内では子どもを作る態勢が敷かれているなんて。想像すると気味が悪く、へそのあたりをかきむしりたくなる。

すべての卵子のもとは生まれる前にでき上がり、新たに作られることはない一方で、精子は毎日5000万～1億個ほど作られる。おじいちゃんになっても大量生産される。

透明なおたまじゃくしが延々と作られ、命の限り稼働し続けるブラック工場みたいだ。

数週間にわたる授業期間の終わりに、先生は教科書を置いて、いつもより少しだけ熱を込めて話し始めた。

「私たちには、必ず生物学上の父親と母親がいます。父と母から均等に遺伝子の情報を受け取るわけだけど、父親から23個、母親から23個の染色体をもらって受精卵ができます。その受精卵が46個1セットの染色体をコピーしながら細胞分裂を繰り返し、ヒトの皮膚や心臓や血液が作られていきます。

卵子や精子に乗っている染色体には2の23乗の840万通りの組み合わせがあって、この精子と卵子が結び合わさる組み合わせは840万かける840万、なんと70兆通りもあるの。細胞分裂の過程で起こる遺伝子の混ざり合い（組み換え）も加味すると、もう組み合わせのパターンは無限にあるんです。ここにいるみんなは、天文学的な確率で産まれたわけ。君たちは、存在だけで奇跡なんだ、ってことを覚えておいてください」

先生は小さな声で「だから、どうか自分の命を大事にしてほしいです」と付け加えた。

先生の授業は一瞬も眠くならなかった。

テスト範囲の告知の際に、満点はとれないと思います、満点をとった生徒は過去いません、と言われたのが心に引っかかって、私はいつもの倍の力を入れて保健のテスト勉強をした。

案の定、１００点満点はとれなかったのだが、先生は98点と書かれた用紙を渡すときに「○○の名前を忘れることはないでしょう」と、受け持った生徒の中で最高得点をとった私をほめてくれた。おそらく私の高校時代のテストの中でも自己ベストだったと思う。

卵管の先にある「手」のような部分には、排卵された卵子をキャッチして卵管に運ぶ機能がある。その「手」には「卵管采（ランカンサイ）」という南国に咲く花のような名前がついていて、采という文字を書いたのは後にも先にもあの保健のテスト一度だけだった。

あの保健の授業から10年以上がたっても、「子どもを作る」という現象が教科書以上の現実味を伴って自分の前に降りてくることはなかった。10年で少なからず色んなことを経験し、自分のトリセツは倍以上に分厚くなったはずだが、いくら目次をなぞっても「出産」「育児」の文字は見当たらない。

大人になったら社会に出て、働いて、家事もちゃちゃっとこなして、パートナーを見つけて、〝頃合い〟がきたら結婚して30過ぎくらいに子どもをもうけるものだと思っていた。

でも現実は、毎日働くだけでHP（体力）とMP（精神力）をガリガリ削られる。MPを回復させるために趣味や交流に銭と時間を費やした後は、HPを取り戻すために泥のように眠りこける。

そして銭を獲得すべくまた労働に励み、お金は貯まらないがシンク内の食器と脱衣所の洗濯物だけ溜まっていく。


人間は一人では生きていけないと言うが、赤ん坊という生きものは文字通り数分の放置でも危ない。

布団やマットレス、自分で吐き出したミルクなど、思いもよらないもので簡単に窒息事故が起こり得るし、添い寝をしていた保護者の体の一部が赤ん坊の口を覆ってしまう事故もある。1歳に満たない息子を自宅に8時間放置したとして、夫婦が逮捕された事件もある。母親はスマホの見守りアプリをチェックしていたので大丈夫だと思ったらしい。

親が少しの間、家を空けただけで保護を怠ったとして罰せられるのだ（保護責任者遺棄罪、保護責任者不保護罪など）。

暮らしを立てるだけで精一杯なのに、どうして新たな生命を育てられようか。

今の自分でも育てられそうなのは、せいぜいたまごっち2匹くらいだ。

39歳という高齢で腹を切って私を産んだ母からは「あんたも産んだら子どもの特別さがわかるよ」と言われた。「赤ちゃんが生まれたら、ちゃんと母親になるから大丈夫」と語る経験者もいる。私には産んでいない子どもの特別さなんて実感できるわけがないし、一体どれほどのものを捧げれば母とやらになれるのかも、さっぱり見当もつかない。

母性だとか本能だとか、ひどく不確かで無責任で宗教的な概念を持ち出して、子どもを産むべきだと唱える人もいる。子どものいる人生に興味はあるものの「母になりたい」とは1ミリも思ったことのない私は、おかしいのだろうか。

HPとMPを削られては補うように生きる日々の中で、どうしたら「自分の命をかけて子どもを産みたい」「自分の人生を捧げて子どもを育てたい」と思えるのか。もしかして母親になるとレベルが一気に10から50に上がり、HPとMPの上限が跳ね上がったり、使える技が倍増したりするのだろうか。そんなチートがあるならぜひ教えてほしい。

そういえば、レベルやHPという概念を覚えたのはポケモンのゲームだった。レベルが一定値に達したポケモンは自動的に進化するが、進化途中にBボタンを連打すると意図的に進化をキャンセルすることができる。「進化キャンセル」をしたポケモンは進化した場合より早く色々な技を覚えられるので、私はたまにこの裏技を使っていた。私は人生でもずっとBボタンを押している気がする。

だって産んでしまったら、不摂生も惰眠も、思いつきの旅行も叶わない。産んで数年の間は、子どもを預けない限り一人でコンビニに行くことだってできなくなるのだ。

自分以外の個体の命や人生に責任を持つって、そういうこと。

家族を持った人は「家族を思うと頑張れる」と言う。

「もう自分だけのために仕事を頑張るのがキツくなった」と言いながら犬を飼い

始めたバツイチ独身の男性も知っている。

どうしよう、未熟な私はまだまだ自分のために頑張れてしまう。頑張れないときは、ふて寝をすればいいし。

一番の恐怖は、やり直しがきかないことだ。数あるライフイベントと言われるものの中で、出産だけは後戻りができない。存在させてしまったものは、なかったことにできないし、一度母になってしまったら、母にならなかった自分の人生を確かめることはできない。

こんな会社辞めてやる！　こんな街飛び出してやる！　こんな男こっちから別れてやる！ができない、一度乗ったら一生降りられないジェットコースターだ。

今日もSNSに嬉々としてあげられた友人のマタニティフォトやエコー写真を見ると、あまりの生々しさに当てられ、苦いものが喉元までせり上がってくる。

出産を自ら選択した人たちは、この無謀すぎる博打に、暴力的な不可逆性に、固く目をつむりながら身を投じたのだろうか。

母になった人たちはきっと口を揃えて「そんな理屈で語れるもんじゃないよ」と苦笑する。

妊娠や結婚の予定もなく、かといって予定外のイベントを受け止める余裕さえない私が、こんなに出産について頭を悩ませているなんて、一人相撲もはなはだしいのだけれど。

心をひしゃぐこの不安や恐怖や面倒臭さに、まだ生まれてもいない子どもへの愛情が勝つ日はくるのだろうか。

先生、卵管采の文字は書けたけれど、自分が産みたいのか、よくわからないです。幸せに生きられる根拠もない命を自分が作っていいのか。10年たった今でも、ずっとわからないままです。

30歳からじゃ遅い？甘くなかった不妊治療

ここ1年で周りの友人知人が立て続けに妊娠・出産したこともあり、なんとはなしに「妊活開始年齢」について検索してみた。上のほうにサジェストされたサイトで、子どもが2人欲しいなら27歳から妊活をスタートすべき！という文章が目に入り、私はそっとスマホを置いた。脈を整えてから「不妊治療」と検索ワードを入れ直し、新聞記事や論文、YouTubeや漫画など様々な素材をあさり始めた。「妊娠適齢期」なるものがあるとはいえ、今は令和。未来の医療技術におんぶに抱っこして年齢にとらわれず好きなことをしたらいいじゃないの！とかつての私は思っていた。

今は産む気がなくても、若い頃の卵子を凍結しておけば、凍結した時点と同じ妊娠率をキープできると聞いたことがある。

体外受精や顕微授精など、精子や卵子を体の外で取り扱う治療のことをART（生殖補助医療）と呼ぶが、ARTによって生まれた出生児数は約14人に1人（日本産科婦人科学会「ARTデータブック2019年度版」）。

1クラスのうち2人の割合だ。

のんきな私は、これから先10年、子どもを産みたくなったタイミングで、卵子凍結や不妊治療などの医療の恩恵にあずかりまくろうと目論んでいたわけだが、そうは問屋が卸さないようだ。

〝卵子凍結〟なんて文字面だけは最強の必殺技に見えなくもないが、実はいくつもの穴がある。

まず、採卵の成功率の問題。膣から卵巣に針を刺して卵胞液ごと卵子を吸い取るが、一度にとれる卵子の数は1〜15個程度とかなり個人差が大きい。1回の採卵で多くの卵を確保するためには、多くのホルモン補充（注射や服薬）をする必要があるが、「OHSS（卵巣過剰刺激症候群）」などの合併症を引き起こす危険性などもあるため、一度にたくさんの卵子をとる方針を推奨しないクリニックもある。合併症リスク回避のため、複数回にわたって採卵を行う人もいるという。

採卵後の卵子は、マイナス196℃の液体窒素で凍結・保存することにより半永久的に保存が可能だが、融解して受精卵を作る際に温度差の影響を受けて卵子が変性・破裂してしまうこともある。

また、採卵時点で成熟卵だった卵子の質（受精能力の高さ）に関しては蓋を開けてみないことにはわからず、将来の夫の精子の質も関係するため、そもそも受精自体が成立しない可能性もあるのだ。精子も卵子と同様に、加齢によって受精能力は低下する。

さらに子宮に移した受精卵がうまく着床できない場合もあり、20代で卵子を数個凍結したからといって、将来の妊娠が保証されるわけではないのだ。

そして卵子凍結には複数回の通院が必要で、精神的・身体的な負担も決して軽くない。

残念ながらお財布への打撃もかなり大きい。採卵の基本料金は病院によっても異なるが、通常30万円からで、卵子一つにつき保管料が毎年数万円かかり、決して安易な気持ちでは踏み出せない値段だ。クリニックのHPに書いてある金額は、ホルモン補充の投薬代や診察代などが省かれた「採卵手術のみ」の場合もあるため、予算に関しては直接問い合わせて値段を確認するのが望ましい。

卵子凍結というものは、その高いハードルと妊娠成功率、自身への負担を加味すると、漠とした不安を持っている人を救済する「夢の技術」などではない。実現したいライフプランがある人、どうしても妊娠を先延ばしにする必要がある人、金銭的に余裕があり、なるべく多くの選択肢を残しておきたい人に可能性を与える「投資」の一つというだけだ。

結局のところ私たちは、「いつ産むべきか」問題から解放されるわけではないのだ。

医療の力を借りた妊娠・出産について考え出すと、途方もない道のりに思えるが、嬉しいニュースもある。2022年4月から不妊治療の保険適用が始まったのだ。

不妊治療にはいくつか段階があり、タイミング法→人工授精→体外受精→顕微授精と、年齢や検査・治療歴を考慮してステップアップしていくのが一般的だ。これまで1回あたり3万〜5万円ほどかかっていた人工授精や、30万円以上かかっていた体外受精も、今後は原則3割負担で済むことになり、回数制限や年齢制限などの条件はあるものの、多くの患者の経済的負担が軽くなった。

ありがとう、菅さん!

里親制度や特別養子縁組など、子を迎える方法は出産に限らない。だが子どものいる将来を少しでも考えているならば、パートナーの有無にかかわらず自分の体質や体の状態についてひと通りのチェックを済ませておくといいだろう。例えば子宮と卵巣の形状や異常の有無、自分の体に残っている卵子の在庫数の目安を調べる「AMH検査」など。

妊活の前には性感染症の検査、風疹などの抗体チェック、子宮と卵巣、乳房のがん検診をすすめられる。子宮頸がんや各性感染症の検査は無料で受けられる自治体もあるため、自分の住んでいる市区町村の制度はきちんと調べ、利用し尽くそう。

20代前半はほぼ病院と無縁の日々を過ごしていた私も、26歳あたりで急に不正出血が続いたり健康診断で甲状腺の腫れを指摘されたりとトラブルが続いたことで、ようやく自分の健康状態に関心が向いてきた。

周りで第1次出産ブームが起こるまでは、月経のタイミング以外で自分の子宮を意識することはなく、妊娠を阻む無数の要因について積極的に調べることなく今まで生きてきた。毎月月経がきていれば大丈夫、と今考えると恥ずかしいくらいの無根拠の自信があった。

学校では二次関数や元素記号の前に、どうしてこの重大な事実を教えてくれなかったのか。

大学の特別講義だって、どこかの偉い社長さんを呼ぶよりも日本産科婦人科学会の人を招聘してくれればよかったのに。

計画性ではどうにもなんない

▼年を重ねるごとに卵子の在庫数は減っていく

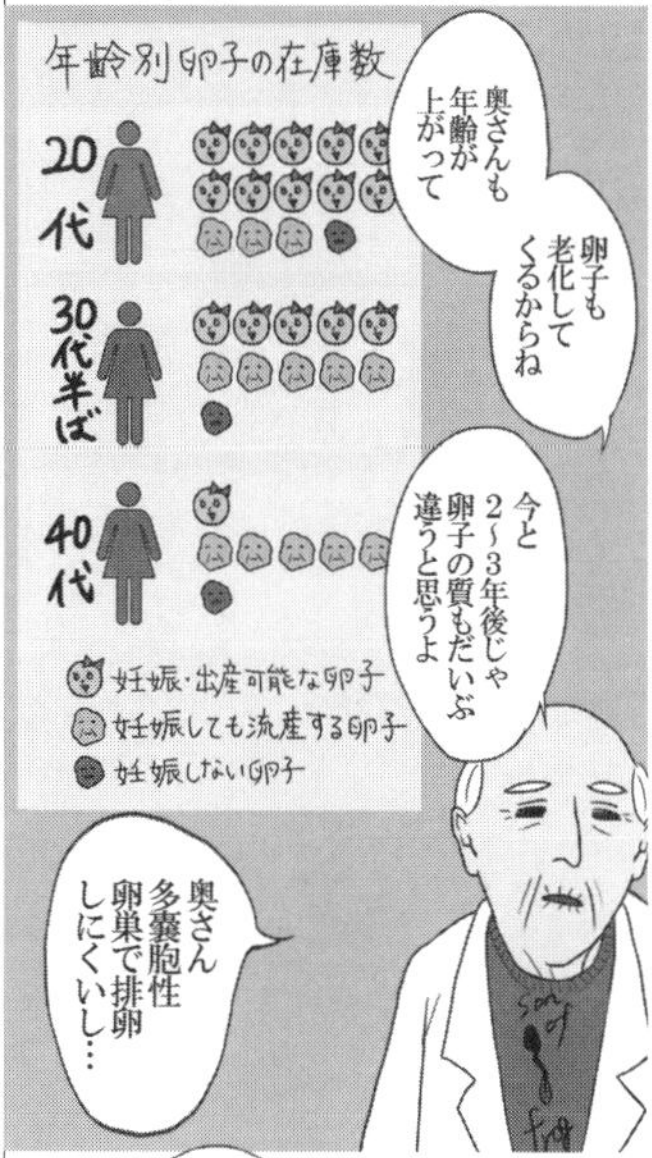

妊活＆不妊治療がわかる人気マンガ「妊活夫婦」をご紹介！

一見幸せそうに見える家庭の裏側を描く、妊活・不妊治療マンガ。夫婦生活、仕事との両立、感情のリアルな揺れ動きが、鋭いギャグと絡み合いながら丁寧に描写されているため、妊活について楽しく学ぶことができる。パートナーと一緒に読むのもおすすめ！

「妊活夫婦」©駒井千紘 / comico

左：第34話 再検査 / 下：第12話 不妊治療説明会

▲不妊治療とひとことで言っても様々

採卵から妊娠までの長い長い道のり▼

最初の採卵で沢山卵がとれて
移植可能な胚を冷凍保存してあれば
また別の周期の排卵日近くに解凍して移植（1回あたり11万）
胚の在庫
解凍
胚移植
11万円
※移植前後で別途薬や注射代がかかる場合も…
…それで…胚移植しても妊娠しなかったら…？
えげつない金額…！
手玉がなくなったら
また採卵からやり直し
採卵
授精
培養
胚凍結
胚移植
35～65万
ふりだしに戻る
ハズレ
妊娠
Unagi style
…あの…
何回胚移植すれば妊娠できるんですか…？
不妊治療って何回やったからとか
いくら払ったからとか
そういう問題じゃないんですよ

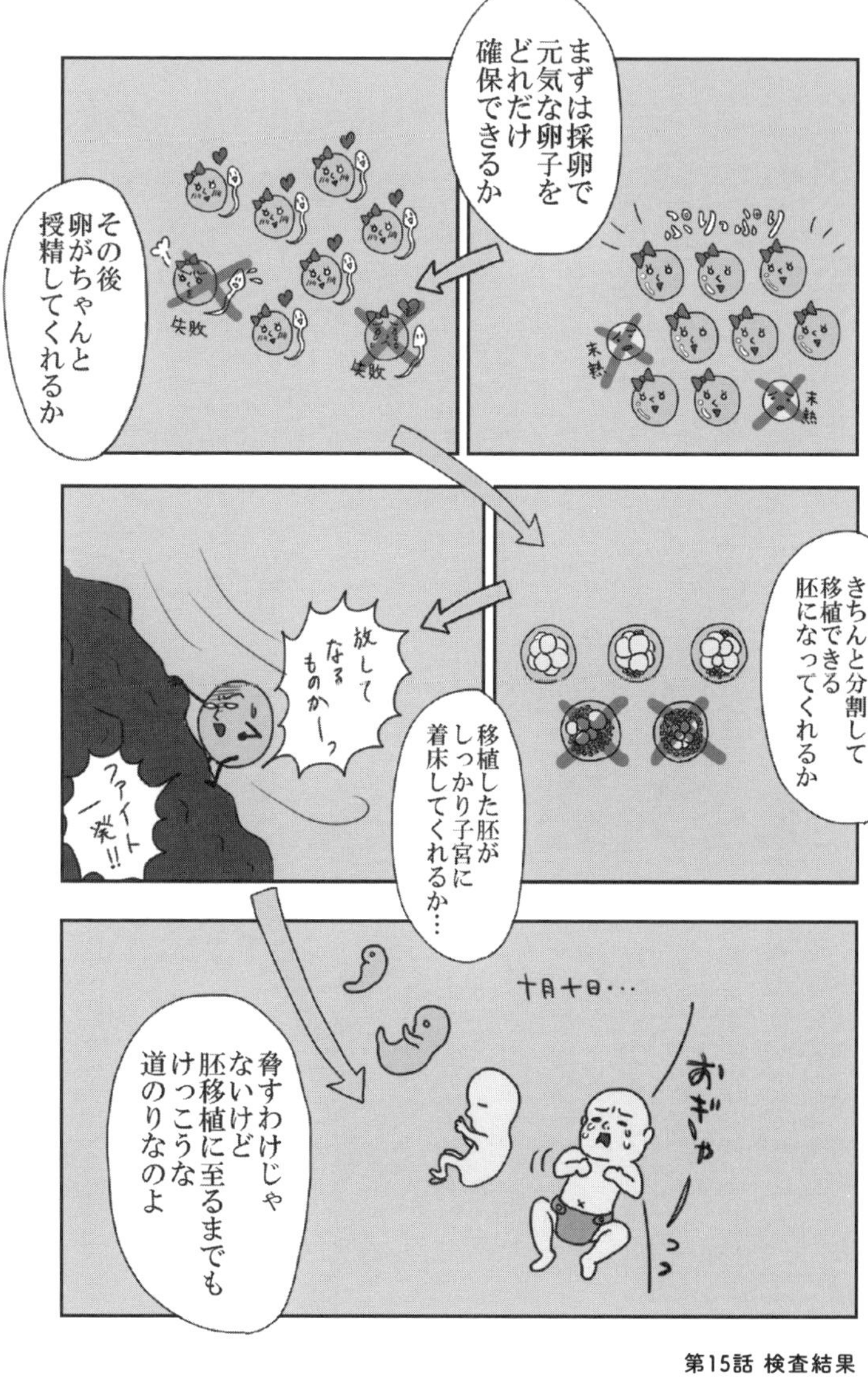
まずは採卵で元気な卵子をどれだけ確保できるか
ぷりっぷり
未熟
未熟
その後卵がちゃんと授精してくれるか
失敗
失敗
受精卵がきちんと分割して移植できる胚になってくれるか
移植したしっかり子宮に着床してくれるか…
放してなるものかーっ
ファイト一発!!
十月十日…
おぎゃーっ
脅すわけじゃないけど胚移植に至るまでもけっこうな道のりなのよ

母になった友人

「女友達はライフステージが変わると疎遠になる」

よく聞く定説だが、そんな人間関係は、もとからまやかしの友情だと思っていた。

実際、遊ぶエリアもお休みも初任給も違う学生時代の友人たちとは、みんなでなんとか時間と場所を合わせて集うことができたし、口を開けば懐かしい思い出話から近況報告までノンストップでしゃべり倒し、お店の人に閉店を告げられるまで時間に気づかない、なんてこともしばしば。

定番の色恋沙汰や下世話な話に始まり、最近見た映画の話、親孝行旅行をした話、買うか迷っているコスメの話、転職や資格勉強の話など「女3人寄ればかしましい」とはよく言ったもので、泉のように絶えず話題がわき出てくるのだった。

学生時代の女友達と言っても、出自や職業、趣味はバラバラ。私たちはトークテーマを通じてつながっているのではなく、相手自体に興味を持っている。だからおばさんになっても、おばあちゃんになっても大丈夫だと思っていた。グループのうち誰かが「お母さん」になっても、きっと同じテンションで話せるはず、と。

25歳あたりで訪れる第一次結婚ラッシュ。

高校や大学、会社の同期などそれぞれの女友達グループからめでたく既婚者第1号が輩出されたときは、みんなで盛大にお祝いをした。

メイントピックは、感動的なプロポーズの話や、両家顔合わせで大変だった裏話など。

なるほど、求婚の際はダミーリングで済ませ、後日、一緒に好みの指輪を買いに行く方法があるのか、両家顔合わせではお互いの両親がタブーな話題を出さないよう事前の根回しが大事なのね、など自分たちにも訪れるかもしれない将来に備えての勉強も兼ね、記者会見のごとく主役を質問攻めにした。

記念日にホテルのディナーに出かけたあと、帰宅するのかと思いきやサプライズで部屋に案内され、好きな色のバルーン装飾を施したスイートルームで指輪パカをされた、彼がデザインしたフォトブックを渡され、自分たちの軌跡を振り返りながら最後のページをめくるとプロポーズの言葉が書いてあった、とか。

お相手となるパートナーについても、交際期間からずっと間接的に話を聞いていたり、顔見知りだったりするので、「部屋の装飾するなんて、アイツ頑張ったな！」「これはデザイナーの彼にしかできない方法だね、さすがだわ」なんてプロポーズ現場の写真を見ながら、そこにはいない彼氏を称えて盛り上がりもした。

世の中で言われるようなマウンティングや妬みなんてものは存在せず、ただ彼女の幸せな瞬間を一番近くで共有できるのが嬉しかった。そのカップルの大変だった時期も知っているため、これまでよく頑張った、これから楽しめよ！という気持ちでいっぱいだったし、結婚をゴールと思うほど、私たちは幼くもなかった。

それからは「プレ花嫁」の#タグでSNSを一緒に徘徊し、このドレスが似合いそうだね、と親戚のおばさんのように勝手にコメントをしていた。

「ライフステージが変わると疎遠になる」説を初めて体感したのは、彼女たちの結婚生活が始まって1年ほどたった頃だった。

夫の親族のツテで安く住めることになったから、と郊外の一軒家に引っ越した子。夫婦ともに会社勤めで与信のあるうちに家買っちゃった、と隣の県にマンションを買った子。

住む場所が変われば、生活圏内に適応するようにライフスタイルも変わる。車を買ったりペットを飼い始めたりすると、休日の過ごし方もガラッと変化し、夫婦で作る新しい「暮らしの軸」ができ始める。

自分や夫の転勤で物理的にはるか遠くに行ってしまうパターン以外に、なぜか会いづらくなることがあるのだな、と初めてそこで実感した。

また、家賃や生活費をお互いに出しているＤＩＮＫＳ（共働き子なし夫婦）であっても「週末は夫のご飯を作ってあげたい」と、「彼女」から「妻」モードに自ら役割意識を切り替えた人もいた。

夜にＳＮＳを開き、友人の投稿の「今日は生姜たっぷりホタルイカの炊き込みご飯と春キャベツの鶏つくね」の文字を見てグーッと鳴るおなかを押さえながら、ふと昔読んだ女性誌の連載を思い出した。

30～40代女性をターゲットにした雑誌の特集で、働く女性3人のインタビュー企画だ。「女（30代・独身）」「妻（30代・既婚子どもなし）」「母（30代・既婚子どもあり）」の3人の女性が、自分の毎日のスケジュール、仕事やライフスタイルについて紹介するものだった。

その頃、私は卒論のリサーチをする際に、国会図書館で色々な女性誌を読みあさっていたのだが、「今月の女代表」「今月の妻代表」「今月の母代表」といった具合に30代の女性が３カテゴリに分けられているのを見て、少なからず衝撃を受けたのを覚えている。

同じ有職女性でも、独身、妻、母親でこんなに様相を異にするのか、と。「妻」の見開きでは夫との向き合い方、「母」の見開きでは子どもとの過ごし方や家族時間について紹介されていた。

独身女性が「女」と形容されてしまうことにも多少の違和感を抱いた。もちろん、どれかの立場をとりたてて称賛するような描き方はせず、それぞれの女性が抱く将来のビジョンや、仕事での活躍を魅力的に描いたものだったが。

私はその特集を目にして初めて、「いつか結婚すれば、妻としての顔、母としての顔を持つようになるのか」という自覚が芽生えたのを覚えている。

そして、どうして女性だけ、という憤りに近い感情も覚えた。３つの役割を担いたいなどとは到底思えなかったからだ。

男性向けのメディアで「男」「夫」「父」それぞれの立場から特集したものがあるかと検索してみたものの、該当するものは見当たらなかった。

次にこの特集を思い出したのは、学生時代の友人たちとの会合だった。

1年に数回、不定期に集まっていたのだが、一人が20代半ばで出産を経験してからは全員揃うことがなかなか難しくなっていた。

とはいえ、もう10年以上の仲。会わない期間があろうとあまり気にしてはいなかった。

それより、彼女がほぼワンオペで育児を回していると知って心配する気持ちや、顔見知りの夫に対する腹立たしさのほうが強かった。

子どもが生まれてからは、近くに住んでいる親に子どもを数時間だけ預けることもあったが、親御さんも仕事や介護でなかなか時間をとれず、今までのように数日前にみんなで予定を決めてサクッと会う、なんてことは難しかった。

GoToキャンペーンの時期にホテルで宿泊女子会をしたときも、彼女はみんなが昼からラウンジで食べて飲んでくっちゃべっている時間には間に合わず、夜に合流し、徹夜でマシンガントークを繰り広げ、一睡もせずにシャワーだけ浴びてとんぼ返りという驚異の鬼スケジュールで私たちに合わせてくれた。

早朝5時の始発で帰る彼女の姿を見ながら、「親が近くに住んでいても、めちゃくちゃ大変そうだな」と無責任にぼんやり思った。

次は子連れで遊べるスポットで会おうという話になり、大きめのカフェなどを探してみたが、昼から予約できるカフェがホテルのラウンジのような場所しかなく、場所選びに苦戦していた。お店選びが好きな自分としては、鼻息を荒くして色々なカフェ候補を出してみたものの、「子連れ　友達　遊ぶ場所」「子連れ　ランチ」などで検索してみてもちょうどいい場所を見つけるのが難しく、自分の生活が幼児を育てる親たちとどれほどかかわりがないか、痛感することになった。

結局、公園でなら会えそうということになり、都内の大きめの公園で待ち合わせをした。

遅刻してしまった私の他、友人3人と子どもはカフェで軽めのランチをとっていた。私は子どもと一緒に走り回るかもしれないと気合を入れて運動靴を履いて合流したのだが、ご飯を食べたあとの子どもは眠そうで、ベビーカーでうとうとしていた。

自己紹介がてら話しかけたが、厚化粧のせいか怖がられてしまったため（当然）、ベビーカーを押す彼女の隣を歩きながら、久しぶりに吸う緑の空気を楽しむことにした。

春の午後3時。日ざしはのどかで暖かく、向こうのほうに綿雲の群れが浮かび、久しぶりに見る広い空が目にまぶしかった。


並木道の途中で、「もう少しで寝そうだから、ちょっと遊ばせて昼寝させてくる」と私たちに声をかけて遊具のほうに行く彼女。小さい子は眠いと不機嫌になるそうなので、私たち3人は子どもが寝るまで木陰のベンチで待っていることになり、何の疑問も持たず親子の姿を見送った。

30分ほどたったのち、遊具のほうに様子を見に行くと、大樹の根本を囲うような丸い腰掛けに座っている彼女を見つけた。

その瞬間、公園に満ちていた色とりどりのざわめきが遠のいた。彼女の周りが背景と化して、急にスローモーションになった。映画やドラマでよく見る象徴的なシーンに施されるような演出が、自分の身に起きたのだ。

目を閉じながら、細い腕で3歳足らずの小さな娘を抱き締める彼女から目が離せず、その空間が神聖な何かに守られているような気がして、どうしても近づくことができなかった。

上下する小さな丸い背中に、とん、とん、とん、と添えられた大人の手。

明確に覚えていないはずの、母や祖母の温かい手がなぜか思い出され、急に鼻にツンときた。

授業中に居眠りをしていたあの女子高生の顔ではなく、すべてを和らげ、押し鎮めるような母の表情に胸を打たれた。

私に絵を描く力があれば、あの光景を今すぐにでも再現できるほど、今も鮮明にまぶたの裏に焼きついている。

寝かしつけを邪魔しないよう私たちは公園を練り歩き、彼女に連絡だけ入れたが、その数分後に「先に帰る」という連絡をもらった。

「こんな遠くの公園なんかに来させてごめん、でも会えてよかった」という言葉がついていたが、それ以降返信はなく、今生の別れを告げられたような気分で、しばらく私たち3人は呆然と突っ立っていた。後から聞いた話だが、カフェで軽食をとったときも、彼女は子どもが料理を口に運ぶのを手伝ったり、口の周りやテーブルを拭いたりするのにかかりっきりで、みんなとあまりおしゃべりできなかったという。

それから数カ月後にLINEの既読がつき、連絡もとれるようになったのは本当によかったが、いまだにどうすればよかったのだろうかと途方に暮れることがある。2～3歳の子どもはみんな元気に走り回るものだと思っていたが、知らない大人とすぐ遊べるような子は珍しく、気分のタイミングや子どもの個性によってまったく違うらしい。確かに、知らない大人3人に囲まれて顔を覗かれたら、人見知りをしない子でも恐怖心を抱き警戒してしまうだろう。

当時は考えなしに反射的に返していたLINEのやりとりを見返してみると、自分の至らない点がどんどん浮き上がってきた。

一度決まった日程が彼女側の都合でダメになったとき、「子育て終わるまでは我慢するからみんなで遊んできて」「産む時点で友達と会えなくなることは覚悟しなきゃいけなかったし仕方ない」と彼女に言わせてしまった。

場所選びだって、私たちが彼女が住む街の最寄り駅まで行けばよかった。そこには彼女が通い慣れた公園やモールがあったはずなのに。


時間調整のときも、私たち3人は朝早く起きられる自信がないから昼か午後からにしよう、と無神経に依頼してしまった。それは彼女のいつものプランを崩すお願いだっただろう。

遅くても夕方には帰宅し、子どもにご飯を食べさせなければいけないため、本当は午前中に会って彼女との時間を確保すべきだったのだ。

小さい子には毎日の昼寝が必要で、できるだけ同じ時間に一定の昼寝をとらせないと夜の眠りに影響が出てしまうこと、子の生活リズムは親がキープしなければいけないため、午前中にたくさん体を動かし遊ばせて、昼寝を誘う必要があること。これらの知識について初めて触れることになった。

つまり、私たちの知識や配慮が足りなかったせいで、彼女に申し訳なさやいたたまれなさを感じさせてしまう結果になった。一番気を遣わなければいけない人に気を遣わせてしまったのだ。

子どものいる友人は、ほぼ全員が0〜3歳の乳幼児の母だが、その出来事以降、彼女たちのSNSを注意深く見るようにしている。

月齢にもよるが、乳児の母の投稿では「久しぶりの一人時間」と家で食べるハーゲンダッツや近所のスタバの写真、「○カ月ぶり！」と美容院の写真が多い。だが外出の頻度は人によって大きく異なり、育休中のママの中には産後2〜3カ月のうちに一人でお出かけする人もいれば、一人での外出は1年以上ご無沙汰、という人もいる。

どの母親だって自由時間が欲しいはずなのに、一体どうしてこうもばらつきがあるのか不思議に思い、もう少し深く調べてみた。

どうやらこれには、①母子の健康状態、②子を預けられる態勢とキャパシティ、③本人（母）の考え方の違いが背景にあるようだ。

①母子の健康状態

子どもは生後6カ月で母親の胎盤から譲り受けた抗体が減り始め、風邪や感染症にかかりやすくなる。大人に比べて免疫システムが未熟なうえに、乳幼児特有の病気もあるため、未就学児のうちは常に誰かが子どもの体調をウオッチしていなければならないという。また、出産後の母親の体がもとの状態に戻るまでの6〜8週間を「産褥期《さんじょくき》」と呼ぶが、その後もホルモンバランスや睡眠不足などの影響で体調が戻らない人も少なくない。今では一般的に知られるようになった「産後うつ」もおよそ10人に1〜2人の割合で発症しているそうだ。

母親の自由時間やお出かけ時間の要件としては、子どもを誰に預けるかという問題以前に、母親の体が完全に回復し、精神も健やかで、子どもの健康状態も現状問題がない、というようなかなかハードで時間のかかりそうな前提が必要のようだ。

②子を預けられる態勢とキャパシティ

「子どもを見てもらう」と聞いて真っ先に思い浮かぶのはパートナーだろう。だが男性の育休取得率は約14％（2021年度）と依然低く、2週間未満の取得が過半数を占める。そんな瞬間的な休暇はただのお盆休みじゃないか、というツッコミはさておき、「育児は親（父母）がコミットするもの」という認識自体は一般的になってきたように思える。

だが問題は、乳児の頃から慣れ親しんでいない限り、**男性はお世話の手順も赤ちゃんへの接し方もわからないことだらけ**だということ。だから、せっかく妻を家から送り出しても「全然泣き止まないんだけど助けて！」と外出先の妻を呼び戻してしまうケースが多発するのだ。

女が母になるのは子をおなかに宿した瞬間、でも男が父になるのは子どもが生まれたとき（もしくはそれ以降）という言説はよく耳にする。当然、妊娠時や出産後についての調べものは母親が担い、夫婦間では情報や行動量がまったく違うことになる。

養育のメインも母親になることが多いので、相手の識別ができる年齢の子どもだと「ママじゃなきゃイヤ」とパパや他の大人を嫌がる場合もある。

「夫育て」という言葉もあるくらいで、夫から育児サポートを得られるかどうかは、普段からの夫の育児参加や子どもとの相性によるのだ。

育児というものは、最初から継続的に携わっていないと難しいうえに、体もホルモンバランスもボロボロの母親が赤ちゃんの扱い方を夫に教えるのは無理な話だ。

このように構造的な問題が背景にあるため、たとえ夫が多少協力的であっても、「じゃあ、来週末よろしくね」とはいかないわけだ。

また、両親や義父母が健在で、幸い近くに住んでいる場合でも、介護や仕事で忙しくないか、孫を見る身体的・心理的余裕はあるか、そもそも預けられる関係性か、子ども嫌いでないか、という問題がある。

とある共働き夫婦は、2人の未就学児を抱え、どうしても家事まで手が回らず、部屋も荒れ放題で自分たちの心も危ない……と危機感を覚え、地方から夫側の母親を呼び寄せ、育児や家事のサポートを数カ月にわたり泊まり込みでお願いしたという。

それまでは毎日のように夫婦ゲンカが続き、妻のほうはストレスで不眠になっていた。働きながらの育児の壮絶さを想像すると、「絶対無理！」と身が震える。

柔軟に動ける親族がいない場合は、サポートを外注する手もある。

ある家庭では、旦那さんの仕事が忙しく、どちらの親も遠方に住んでいるため、ベビーシッターと「産後ドゥーラ」を週2で活用し、なんとか妻のメンタルと「一人時間」を保っている。どちらも産後サポートをする人をさすが、産後ドゥーラはまだ認知度が低い仕事だろう。親の不在時に子どもを預かり、お世話をするベビーシッターに対し、産後ドゥーラは家事代行、育児サポート、母親のメンタルケアなど、養生が必要な母親を様々な面からサポートする仕事だ。「ドゥーラ」とはギリシャ語で「他の女性を支える、経験豊かな女性」という意味を持つ。

一般社団法人ドゥーラ協会の講義・実習を経て認定される職業で、ほとんどが子育てを経験した先輩ママたちだという。

親族や近隣住民、地域による育児サポート・母親ケアが当たり前のように存在していた昔と違い、核家族化や近隣付き合いの希薄化、親世代の高齢化が進んだ現代。今の社会においてこそ、産後ドゥーラは注目されている概念だ。

ベビーシッター、産後ドゥーラともに有料で、経済的な負担も小さくはないが、国や自治体による利用支援制度や助成金があり、福利厚生の一環として取り入れている会社もある。

他に産後ケア施設、自治体のファミリーサポートセンターなど、子どもを一時的に預かってくれる施設もある。

③本人（母）の考え方の違い

同じ月齢・年齢の子を持つ母親でも、どうしてこんなに自由時間や負担の違いが生じるのかと言うと、実はこの「母としての考え方」が一番強い要因ではないかと考えている。家でじっとしているのが苦手なアクティブ派で、頼り上手な知人は産後2カ月で親やサポート制度をフル活用し、育休の間でも昼間に友人と買い物をしたり、夜ピアノのコンサートに出かけたり息抜きの時間をとっていた。

一方、人に頼るのが好きでない人や、そもそも「赤ちゃんのうちに誰かに預けるのはかわいそう」「親に預けて外出しても、ずっと心配でそわそわしてしまう」という感覚を持つ人もいる。彼女たちにとっては、人のサポートを受けて自由時間を優先する、ということ自体がむしろストレスになってしまうのだ。この考え方の違いに優劣や順序はなく、文化や宗派の違いのようなものなのだろう。「体が回復したら絶対、人に預けて自由時間を確保する！」と思っていたが、いざ子どもが生まれてみると考え方や感じ方が変わったという人もいる。

このように産後の生活について軽く調べるだけでも、「小さな子を持つ友人の自由時間・外出範囲」には①～③の要因、あるいはそれ以上の不確定要素と環境が関係していることが〝想像〟できる。

かつての私のように「夫に見てもらえばいい」「近くにいる親に預ければいい」という勝手な期待を持って育児中の友人に接するのは、大間違いだったのだ。

だが、机の上でどんなに調べても、どんなに頭を働かせ想像してみても、自由気ままな独身の私に、育児真っ只中の友人の気持ちがわかるとは思えない。

正直、公園で遊んだ当日に本当は友人とその娘にどう接してほしかったのか、私たちはどう振る舞うべきだったのか、彼女が疲れ果てて帰宅する前に彼女からの情報開示があってもいいじゃないかと思ったときもあった。だが、今、振り返ってみると、本人に「どうすればいい？」「どうしたほうがいい？」と雑に聞いたところで、彼女には語り得ない何かがあったのではないか。

たとえ親しい間柄であっても、想像が難しい何かを抱えている相手に対し、「最近、忙しい？」「今年中にもし会えたら嬉しい！　みんなで集まろう」と声をかけるときには、もっと慎重になるべきだっただろう。

腫れもののように扱うのは相手にも失礼だが、暮らしぶりがガラッと変化した人間を、〝こちら側〟のテンポとテンションで今まで通りのやり方で遊びに誘ったことに対し、胸を張って「誠実だった」と言える自信はない。

少しでもそこに考えを巡らすことができれば、当日の午前中に集まり、子どもとみんなで楽しい時間を共有することができたかもしれない。

結婚して子どもがいる女友達と疎遠になるのは、決して「幸せマウンティング」などではない。

人生には、いいときと苦しいときがある。どのライフステージにいてもそれだけは変わらない。**私たち女性の間でライフステージの違いにより分断が生まれるのは、幸せではなく互いの苦しみを共有できなくなったからだ。**

「何でも言ってくれればいいのに」「何でも頼ってほしい」と相手の立場に寄り添おうとする姿勢は確かに正しい。だが、言葉を尽くしても共有し得ない苦しみや事情がそこにあるときは、相手の望む分の距離を置いたまま、遠くから黙って見守る優しさのほうが大切だと感じる。

自分がされて嫌なことはするな、と教えられてきたが、今後の人生では相手がされて嫌なこと、苦しいことを相手の性格や立場に立って考える練習が必要になってくるのだろう。それが相手の口から語られる前に。

自分の過去の振る舞いを恥じながらも、「女友達はライフステージが変わると疎遠になる」と同じくらいによく聞く定説を私は信じ続けている。

「でも、女友達は人生のどこかでまた合流する」

一人の女性に戻るとき

大学卒業して5年もたつと仲間同士でも
久しぶり～
エへへ♡
えっ もしかしてオメデタ？
私のほうが先に結婚したのにー
オメデトー♡
ライフステージが変わってくる
いいな～思いっきり働けて……
ぎゃーっ
昨日も夜泣きで～
いいなぁ赤ちゃん…
ハア
いーじゃん結婚できたんだから…
うわーん!!
ちょっとー!!
それぞれの孤独を抱えて
たまにはあんたが作ってよ！
疎遠になってしまったけど…
また仕事のメール…!!
でも長い人生のうち
いつかまた合流するよね

第3章

同情も正論も
役に立たないから
蓄えだけはしっかりと

「お金・資産形成」編

お金が気になるお年頃

20代後半になって、周りの人と「お金」について話す機会が増えた。

はたから見ていて浪費グセの激しい友人が、実は大学生時代からお年玉とバイト代で資産運用をしており、ボーナスでブランドものを爆買いしつつも毎月の給料から老後のお金をコツコツ積み立てていると知ったときは、少し焦りを覚えた。

駅近新築のマンションを引き払って実家でテレワークをするようになった友人に訳を聞くと、外出自粛を機に貯金に目覚め、固定費をガッツリ減らした分で美大の週末スクーリングの授業費を貯めているとか。

「お金」の話は、お互いの給料も知らずにカツカツで生きていた新卒時代にはうかつに開示し合えなかったセンシティブな話題で、たくさんのお小遣いをもらえる子が羨ましがられていた学生時代においてはタブーで下品な話だった。

だけれど自立して「家計」を持ち、トライアンドエラーや工夫を重ねながらお金のやりくりをし、金銭的に少し余裕の出てきたアラサー世代では、「お金」の話を非常にフラットに語れるようになってきた。次の引っ越し先を聞いたり、おすすめの美容法について情報交換をしたりするのと地続きで。


計画性に乏しい私の場合は、20代前半は「守り」、20代中盤は「試し」、というふうにお金との付き合い方が変化してきた。

20代前半は、口座残高の上下に一喜一憂し、趣味の旅行以外はなるべく節約を心がけた。初めてのボーナスが支給され、先輩に使いみちを聞かれたとき「いったん貯金ですかね」と正直に答えて引かれたため、慌てて「来年の旅行費に貯めてます！」と付け加えたほど。

大学生時代、バイト代を貯めては海外に飛び、1泊3000円の雑魚寝宿やエアビーに泊まっていたが、社会人になってからはホテルに慣れてしまって旅行予算が上がったため、一度も旅行をしない年もあった。ひたすら家の近くのブックカフェに通い、ドリンク1杯500円で何時間粘れるか、というプチ黄金伝説生活を送っていたのも、今ではいい思い出。

特に一人暮らしを始めた最初のうちは「生きるって、こんなにお金がかかるのか」と毎日、出費の恐怖と闘いながら牛肉や果物も買えずに、ペットボトル飲料代を節約しようと水筒を会社に持参していた。というのも、ある程度まとまった金額が口座にないと、自分が大きな病気やケガをしたときに破産してしまう……という強迫観念を抱いていたからだ。

そんな不安を口にした私に、先輩方や常識ある友人たちが国や会社の社会保障制度――この国の「高額療養費制度」や会社の福利厚生について教えてくれたおかげで、今はそのような不安に駆られることはなくなった（ありがたい）。

ああ、世間知らずって怖い。

最低限の知識を備えたことにより不安から解放され、年次に応じて収入もアップし、生活費に余裕が出てきた20代中盤の私は、とにかく自分の好奇心と欲望のままにお金を振りまく暴挙に出た。自分のお金では食べに行けなかった高級レストランやお寿司屋さんにチャレンジし、週3で飲み歩いてはタクシーで帰宅し、残業のストレスが溜まると夜な夜な通販サイトで安い服や靴をカートに入れた。月の収支に余白ができ、その「あそび」の部分を使って色んな経験を「試し買い」してみたのだ。

ずっと行きたいと思っていたお店のご飯を、男性のおごりでも接待でもなく「自分で稼いだ金で食べている」という優越感は中毒性があった。グルメのコミュニティではほとんどの人が「予約困難店」と呼ばれる店の予約枠を持ち、みんなで誘い合いながら割り勘でうまい飯を食う、というのがその界隈の文化だった。そこで繰り広げられる世間話も刺激的で、最初のうちはキラキラして見えた。年に数回の贅沢のつもりだった。

だが、自分が関与できない〝キラキラ〟には、いつか必ず賞味期限がくる。とある憧れのお寿司屋さんがあった。予約は2年待ちだが、知り合いから席が空いたと連絡を受け、週14外食のグルメな人たちと席を並べておなかがはち切れるほどおいしい寿司とお酒を堪能した。最後にみんなでとろたくをおかわりし、官能的な味に舌と頭がしびれている最中、お会計の「5万7000円」の文字を見て一気に現実に引き戻されたのだ。

私の目は円マークになり、脳内ではレジの「チャリーン」という音が鳴ると同時に、「国内旅行」「ディオールの指輪」「新しい自転車」……と無限に「この代金で買えたはずのもの山手線ゲーム」が繰り広げられた。

おいしいご飯で浮かれていた気分がスッと落ち着き、私にとってこの金額の食事は身分不相応だったと痛いほど思い知った。

そんなことを考えるのは、ほっぺたが流れ落ちるくらいおいしい寿司を握ってくれた大将にも失礼だ、まだ私はこの席に座るべきじゃない、と。

このように「人生経験」と言い換えられる程度のささやかな失敗を繰り返し、私は欲望のコントロールと、自分の身の丈に合ったお金の使い方、時期やイベントによる出費のメリハリを徐々に覚えていった。

周りでも、大学の後輩を連れてハワイ旅行に行き、カードでおごりすぎたせいで借金をする羽目になった、コロナ禍で残業代が出なくなり家賃を滞納し、友人からお金をかき集めたなどの失敗談はよく聞く。

だが、私が失敗経験値を積み上げる一方で、将来を見据えていた賢い友人たちは、人生の一大投資に向けてお金をきちんと貯めていた。

「いつか留学したいから」と、会社から1時間以上かかる実家に住み続けて留学費用を貯めていた同期は、自分のやりたいことを叶えるために25歳から1年間デザインのスクールに通い、基礎を学びつつ留学準備を粛々と進め、28歳でNYの名門アートスクールに入学した。

二人同時にMBA留学をした夫婦は、全貯金を留学費用にあてて、奨学金のローンを背負いながらも「夫婦でフェラーリ買ったようなもんだけど、卒業生の年収を見ると数年で返せそうだから全然気にしてない！」と朗らかに笑っていた。

若いうちに自分のお金・時間・体力という3つの資産の使いどころを見定めていた人たちは、ちまちま貯金と失敗を繰り返した私とは、初手が違うのだ。

他の人にもボーナスの使いみちや貯金のモチベーションをヒアリングしてみたところ、趣味の個展を開くためにボーナスを使った人、自分の会社を立ち上げるための開業資金を貯めている人などもいて、私は自分の手元にあるお金に「○○のため」とシールを貼れないことの不甲斐なさを感じてしまった。

汗水垂らして、とまではいかないが、毎日の気力体力と引き換えに稼いだお金を、一瞬の優越や幸福感ではなく長期的な何かに投じたい、という思いがむくむくとわいてきた。

留学費用でも結婚資金でもない、「不安解消」という夢もときめきもない名目のもと、ノールックで口座に突っ込まれていた、行き場のない預金たち。口座の残高を眺めていると、「ぼくたちを有効活用してよ！」という不満の声が聞こえてくるようだ。

そこで、無理やり目標を立てても意味がないので、今ある預金と毎月の貯金額の内訳を、いくつかの項目に振り分け、実践することにした。

長期休みがとれたときの「旅行費（趣味枠）」、将来やりたいことや住みたい場所、もしくは結婚が決まったときの「将来貯金」、長期的な資産運用のための「運用資金」。運用資金はさっそく証券口座に移した。

そして20代前半でノイローゼのようにとりつかれていた「いざというときのお

金」は、1年目から少しずつ貯めていた「財形貯蓄」で担うことを決めた。

20代前半はお金を無意味に守り抜き、20代中盤は一瞬限りの幸せを感じるために色々な使い方を試した。身の丈を知った20代後半の今は、そろそろ将来に向けてお金の行方を「描く」ことに挑戦してみたいと思う。

貯まらない女

給料上がったけど全然貯金が増えないんだよなぁ～
むしゃむしゃ
そりゃそうだろうね…
すぐ安い服買っちゃう
zeze
通販
すぐお菓子買っちゃう
ポテチ
SODA
ていうかむしろ給料上がった分どーしてんの？
そのまま積立預金に回してるよ！
いざという時や将来のために…
結婚資金
フラ留学
災害
ケガ・病気
大人として備えておかないとね！
ガーン……
どうしよう…
同期はこんなにしっかり考えているのに…
こうしちゃいられない!!
こないだスマホ1台で20万の簡単副業ってDMきてたんだけど…
これで一発…
ちょっと待て!!
それだけはやめとけ!!

「お金に働いてもらう」って？賢く増やす資産運用

私も、いつかくる老後や自分への投資のタイミングに備え、少しでもお金を賢く貯めようと思い、ようやく重い腰を上げて資産運用の門戸を叩いた。気まぐれに国内の個別株を買ったことはあるが、久しぶりに見た証券口座は見事にマイナスだった。

投資の基礎知識もセンスもない私はとりあえずYouTubeや書籍をつまみ食いし、身元の知れた友人へのヒアリングを始めた。半ばあきれながら丁寧に教えてくれた友人たちの中には、コロナ禍で自分の家計を見直すためにコツコツ勉強してFP（ファイナンシャルプランナー）の資格をとった猛者もいる。

ネット上で調べるときは「あなただけに紹介」「月利40％」などの詐欺ワード

だけにはだまされないように気をつけた。「平均利回り」とされる3〜7%をはるかに超えた儲け話が仮に存在していたとしても、一般の人がそれにアクセスできるほどこの世は甘くない。

まず資産運用の種類としては、債券や株式、不動産、投資信託などがあるが、長期で堅実に運用したい初心者には投資信託の積立が適しているだろう。

積立投資の中でも、よく耳にする「つみたてNISA」は年40万円まで非課税（通常は収益に対し20%の税金がかかってしまう）というメリットがあり、投資できる対象の商品も、手数料が一定基準以下で、金融庁が設定した基準をクリアした投資信託のみに限定されている。ぼったくり商品やハイリスクな商品が排除された上で、初心者でも安心して商品を選ぶことができるというわけだ。

米国の代表的な株価指数である「S&P500」の推移を見ると、今までどの「20年」を切り取ってもマイナスになる期間はない。リーマンショックやコロナ禍などの世界的な危機が今後何度か訪れることを前提にしても、まあ銀行で寝かせておくよりはマシだ、とズブの素人の私は判断した。金融法制がしっかりしており人口も増加し続けている米国株を「つみたてＮＩＳＡ」で満額運用し、先進国・新興国を合わせた50カ国に（つまり乱暴に言えば世界中の株式会社に少しずつ）分散投資できる商品も運用してみることにした。運用と言っても、一度商品をポチってしまえば、あとはアプリで不定期に損益額を確認するだけである。

「つみたてＮＩＳＡ」はいつでも引き出せるものの、現金化するのに1週間程度はかかるため、手元の貯金は残しておこう。「カードの引き落としに間に合わないから投資した分を売却しちゃえ！」のノリで短期間で売却すると、元本割れの可能性も高くなるからだ。

投資は余剰資金で行うものだ。不測の事態に備え、生活費の半年分と言われる「生活防衛資金」だけはキープしておきたいところ。

元本割れのリスクが気になる人は「つみたてＮＩＳＡ　元本割れする確率」で検索し、金融庁のページを一読してみるといいだろう。

資産運用に興味はあるけれど数字が視界に入ると頭痛がする、という私のような人間には、金融庁の公式サイトや資産運用「初心者向け」の本をお供に、友人と一緒に勉強会を開くことをおすすめしたい。

免許証などの本人確認書類とスマホさえあれば、申し込みの手続きは数分で完了する。数日後に税務署の審査に通ると無事に口座を開設でき、商品を選ぶ作業に突入するのだが、ここからが少しだけ面倒くさい。何も考えずにランキング1位の商品を選ぶのも悪くないが、見慣れない文字列を前にすると一瞬でやる気がしぼんでいくだろう。

だがここで諦めず、すでに「つみたてＮＩＳＡ」を始めている友人に商品を選ぶ基準を聞いてみたり、同じタイミングで始める友人と勉強会をすることで、「明日やろう」モードからの脱出が叶うのだ。

もちろん、すべての投資には自分自身の責任と判断で行わなければいけない「自己責任原則」がベースにあるため、友人からおすすめの商品を聞いたとしても最後は自分の判断で確定ボタンを押す、ということを忘れないでほしい。ちなみに積立金額はいつでも変更ができ、最初は少額で始めてみるのもＯＫだ。

休日に友達を巻き込んで勉強会を設定することで「投資について理解を深める」時間の確保だけはできる。

どうせ雑談の時間も入り交じるためダラダラとしか進まないが、**一人でやっても途中で投げ出してしまう人にとっては、ダラダラでも進めば上等なのだ。**

積立金額と運用成果

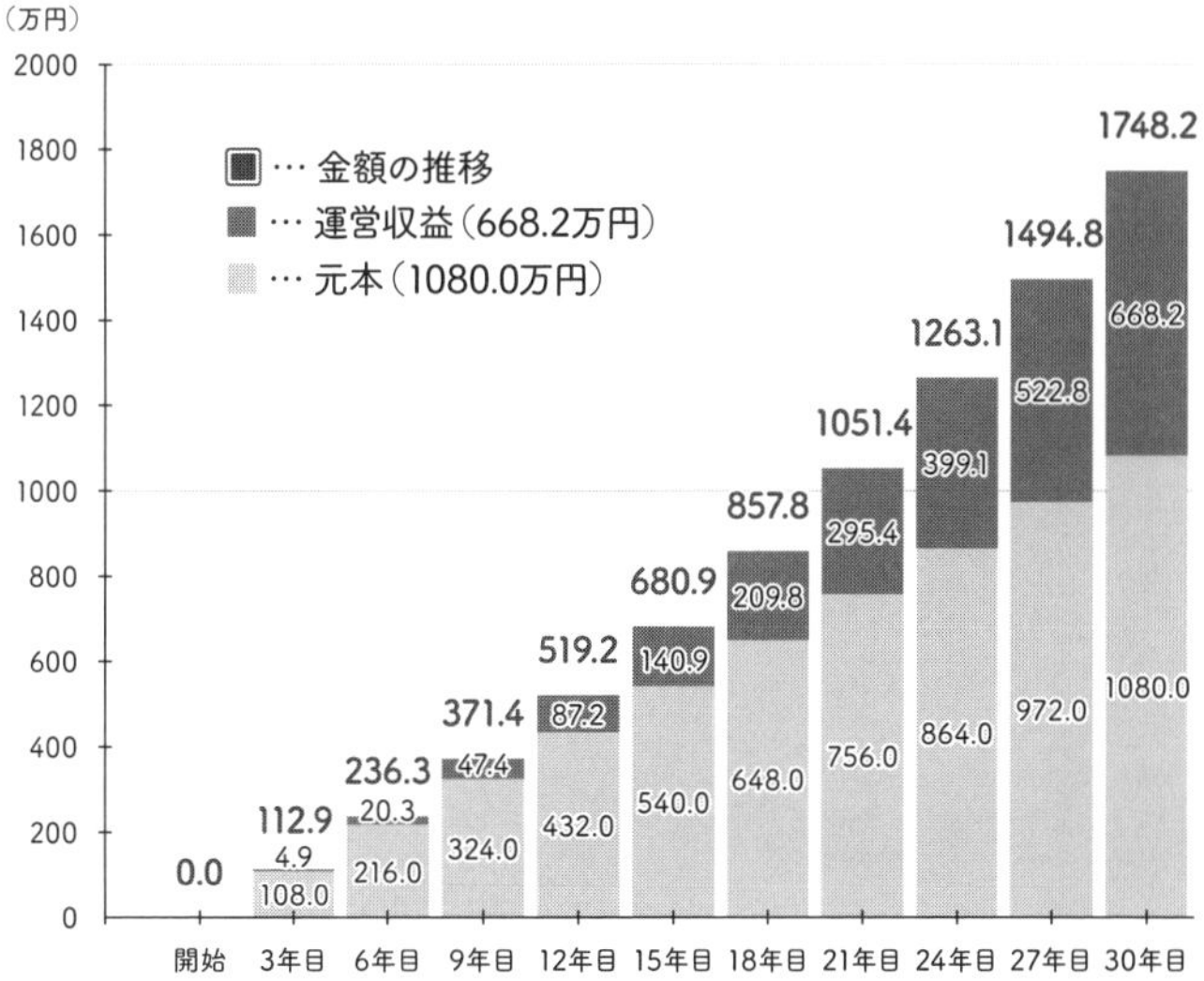

毎月の積立金額：3万円　想定利回り(年率)：3%　積立期間：30年

毎月3万円を積み立てると、10年間で貯めることができるのは約400万円。しかし投資期間30年なら約1750万円になります。
若年層であれば、少額投資で低リスク商品に投資したとしても、時間を味方につけて、30年後の資金として十分に役立つことになるでしょう。低リスク商品とはいえ価格変動などのリスクは伴いますが、早めに準備を始めることでリスクを抑えつつ、長期投資の効果を得ることができます。

このように、運用する期間が長いほど「複利効果」による資産の伸びが期待できるため、若いうちから早めに積立を始めることが重要なのです。

出典：金融庁ウェブサイトhttps://www.fsa.go.jp/policy/nisa2/moneyplan_sim/index.htmlを加工して作成

第4章

岐路に立たされている
“そろそろいい歳”な私たち

「人生・キャリア」編

ロールモデルいなくない？と憤っていた私たちへ

「ロールモデルいなくない？」

25歳前後、近い将来の話をするときに女子会で必ずと言っていいほど出る言葉。

転職や出産、復職、自分やパートナーの転勤、人生の分岐点が無数にある中で、プライベートも仕事もそこそこ充実していて、円満な家庭とラブラブな夫婦関係を築いている……という人が周りに少なすぎる。

「キャリア」というカテゴリだけでも、パターンは無数に分かれる。

同じ企業で働き続けるとして、体力の差はあれど同年代の男性に負けじと働いて昇進を目指すか、適度に働いて趣味を楽しむかの分岐。

そこに部署異動、転勤、転職、独立、退職、そして実家の介護問題や自身の体調の問題なども絡んでくる。

「パートナーの有無」「子どもの有無」カテゴリもある。

もしも子を持つなら、産休・育休・復職という3連コンボ必至だ。

自分がちょうどいいと感じる仕事と家庭と趣味のバランスにおいて、グラグラしない〝重心〟の位置は一体どこにあるのだろう。

ひと昔前、仕事と子どもは二者択一の難題で、子を持つ母親が会社経営や大企業の役員になれるなんて夢物語だった。ここ最近では仕事も育児も全力で！というスーパーワーキングママの特集を目にすることが多くなったが、一般社会ではレアな存在だから「特集」が成り立つという前提を忘れてはいけない。

うまくやりくりして働いている人はたくさんいる。

会社では責任の重い仕事を引き受け、部下をマネジメントし、家に帰ると幼児〜小学校に入りたての子どもの世話をしている。だがその大半の女性はいつも疲れていて、しんどそう。

口を開けば、育児参加が不十分な夫への愚痴や「体力ある若いうちに産んどきな」というアドバイス、社会への行き場のない呪詛《じゅそ》が出てくる。

もちろん2人の子どもを産んでもむき卵みたいな肌でいつもハッピー！みたいな女性も見たことはあるが、開業医の夫と二馬力で働き、週の半分はシッターさんを雇えるような経済的余裕に満ち満ちた家庭や、体力おばけと陰で称賛されるくらいバイタリティあふれる体育会系ワーキングママなど、「例外」な人たちばかりでまったく参考にならない。

あいにく、私にはそんな猛者になれる胆力はない。

つまり、理想となる人たちはいるが、自分でも大丈夫かも！と思える〝手の届きそうな人〟たちが見つからないのだ。

もっと平均的と言うか、「普通」とされる経済力と体力で、仕事も育児も夫婦仲も、趣味活動まで充実してま〜す！みたいな女性が増えないものか。

勇者の剣も魔法の杖も持っていない標準装備の自分でも、楽しくプレイできると確信できる将来の景色が見えてこないものか。

正直言って、はるか先の階段を上る先輩たちの背中は、「ああはなれない」「ああはなりたくない」で五分五分くらいだった。


文句ばかりは一丁前の私だが、会社の同期の男性と、仕事終わりに日本酒といぶりがっこをつまんでいるとき、思いがけないひとことをもらった。

キャリアを積み上げ、比較的早く昇進した女の先輩の話になったときだ。


「〇〇さん部長になったね」

「ね。くるみは今後どうなりたいとかあるの？」

「ない。昔は色々夢あった気もするけど今は何も見えない」

会社や社会を腐していた情けない私を、その同期は責めることなく、一拍置いたあとに答えた。

「今の日本って、独身でも専業主婦でも働く母親でも、女性が普通に生きてるだけで全部〝意思表明〟になるよね。こっから10年20年かけて制度や世論が変わっていく中で、必ず誰かの参考になる」

それは日本酒でゆるんでいた私の脳みそに、じかに氷水をかけるひとことだった。

自分の傲慢さに気づくには、十分な衝撃だった。

ああ、ロールモデルとなる女性がいないとて、私は何を嘆いていたのか。たとえ他人の選択をまねて同じキャリアを歩もうとしても、思わぬ災難や不運は必ず起こる。外部環境の変化や社会の不条理によって、出鼻をくじかれたり努力が水の泡になったりもする。他の人と同じ角度の坂を上っている、と安心していても、私の道には私の道なりの蛇行があり、たまに坂の上から理不尽な小石や岩だって降ってくるのだ。

その蛇行や岩にくじけずサバイブしてきたのが、今見えている先輩たちの背中。ロールモデルを見つけたとして、自分が同じ道をトレースできるわけではない。彼女たちが築いた物語を、他人の私が1段落コピペするなんて毛頭できない。

今の環境を変える覚悟もないくせに、うまくいってい（そうに見え）る先輩の話だけ参考にして、ラクになろうだなんて、人生の景色を変えたいだなんて、ずいぶん虫のいい話だ。

思い返せば、そもそも自分が今欲しいものも、いつか手に入れたいものも、いつの間にか見えなくなっていた。

因習的な価値観にとらわれ、自分の矮小な想像力で思いつく範囲の「既婚」「子持ち」「仕事の充実」など名ばかりのステータスに憧れていた。この先変わる覚悟も変わらない意思も、自分のビジョンもないから、一般的にいいとされるものや幸せになれそうなものをウインドーショッピングのように眺めて、あれは欲しい、ああはなりたくないと、窓の外からつべこべ言っていただけ。

不確定要素が一番少ない安全安心な現在地にとどまりながら、いばらの道をかき分け踏みつけ進んだ先人たちの背中だけ見て、できるだけ舗装された道はどれかな～と様子をうかがっていたズルい私。

代わり映えのしない毎日を送っていると忘れがちだが、我々は自分で考え、決断し、汗をかき、失敗を繰り返さないと、人生の舵取りの勘がにぶっていく生きものだ。ライフステージの変化やキャリアチェンジは、常に何かの終わりとともに始まる。

安全地帯にいる限り、その転機に踏み込む自信も、何かの終わりを受け入れる覚悟も生まれない。

「ロールモデルいなくなーい？」と、馴染みのメンバーで、行きつけの店で、いつもの文句ばかり垂れ流していても一生自分の物語など進まないのだ。

そして不幸や不運なイベントなんて、黙っていてもいくらでも起こるけれど、思いがけないチャンスや嬉しいハプニング、想像を超えるものとの出会いなんてものは、自分から動き、巻き込まれに行った人にしか降り注がないのだった。

どうせ訪れる転機や事件を受け止めるしかない未来の自分は、せめて今よりパワーアップしていたい。

目を細めて先人たちの歩みを批評するよりも、まずは自分の足元を見て手綱を締め直し、目の前のことに集中してみよう。そして、「ちょうどいい未来」ではなく「私の欲しいもの」を自分に問い続けるほうが、納得のいく人生を送ることができる気がする。

次の一歩が踏み出せないときは、つべこべ言わずに与えられた仕事を粛々とやっていくというのも一つの選択肢だ。そこに自分の意思が伴う限り。

ちょうどいい負荷のかけ方

昔からTo doリストを作るのが好きだった。
同時に、To doリストを守ることは大の苦手だった。

今日はこれをやる！と決めても、意志の弱い私は、リストの項目の半分にしかチェックをつけてあげられない。どのタスクも、大体想定した時間の1・5〜2倍はかかってしまう。

To doリスト常連敗者の私だが、一つだけ気づいたことがある。
それは、書き下ろしたタスク間の距離が遠いほど、達成率は低いということ。

例えば受験生なら、タスクが「英語のシャドーイング」「英単語の復習」「英作文×2」の3つであれば、80％くらいの達成率が見込める。

だが、「英語のシャドーイング」「古文の文法の復習」「世界史の問題集の近代史パートを解く」だと、古文をやっている中盤で日が暮れる。

英語の勉強が終わった時点で、なぜか床に積み上がった参考書や筆箱の内側の汚れが気になり、受験生あるあるの「無意味な整理整頓」「テスト前限定のきれい好き」が発動するのだ。

各タスクが地続きでないと、どうしても集中力が持たない。タスク間の休憩時間もむやみに延びるし、同じジャンルのタスクよりも脳にかかる負担が大きく、切り替えに時間を要するため長いこと時間がかかってしまう。

距離の種類がまだ「教科」だけならマシだが、「部活」「バイト」「行事（文化祭など）」などが絡んでくると、もうキャパシティがパンクする。いつも自転車操業で、一つのジャンルに集中する時期は他のすべてを捨てるしかない。

そして社会人になり、最低週5の仕事や一人暮らしが始まると、**タスクの間に無限とも思えるほどの物理的距離や気分の距離が生まれる。**

平日は眠気や頭痛と闘いながらベッドから這い上がり、ドタバタの朝の準備を乗り越えてようやく出社。メール返信などのルーティンワークに始まり、上司や部下や客先への顔をコロコロ入れ替えながら一人考える時間と資料などにアウトプットする時間を確保。人によっては外回りをしたり店頭に立ったりと、脳みそと口に加えて肉体や手先を駆使することもあるだろう。帰宅しながら今晩のご飯の調達方法を考え、家では溜まった洗濯物を片づけながら週末の予定を立てる。

週末は1日に2つ以上予定が入るともう考えごとなんてできず、クリーニングやゴミ出しなど最低限の家事すら手が回らない。平日に「これは土日に考えよう」と隅に置いた考えごとの種は、気づけば「来週の土日には絶対やろう」の枠にスライドしているのだ。

余裕のある週は家にこもって疲労回復という名の優雅なゴロゴロライフを送っているため、気づけば季節は移り変わり師走。なんとなく充実感を得ながらも「今年も1年あっという間だったなあ、何したっけなあ」と間に合わせの大掃除を半分だけこなして年を越す。

でも、脳の負荷や体力を言い訳にタスクを先送りしていると「逃げ上手な私」というものが太もものセルライトのごとく、どんどん板についてきてしまうのだ。**人生はなかなかうまくできていて、やったこともサボったことも、どこかの巡り合わせで必ず自分に返ってくる。**コツコツ取り組んだ地味な作業も、湯気が出るほど踏んばった経験も、スキップし続けたタスクも、スルーしてしまった決断も。どのみち多少の後悔や失敗は免れないが、自分自身に納得できない人生は送りたくない。欲張りな私は、まだ体力に無理がきく今の時期に気合を入れ直し、相応の努力を払わなければならないだろう。

まずは自分のちょうどいい追い詰め方と、癒やし方を見つけるところからだ。

日々の仕事や雑事をこなし、自分の「ちょうどいい」を更新していく。どうせ人生の計画なんて頓挫と立て直しの連続なんだから、自分で設定した小さなチャレンジにくらい誠実でありたいよね。

時間制限付きの枝分かれ問題

「時間がたつスピードって年々速くなってない？」

友人の口からこの言葉が出るたびに、

「わかる～怖すぎ！」と同調してきた。

てっきりみんなも同じだと思っていた。

「気づけばもうこんな季節」

「気づけばもうこんな歳」

いつまでもヘラヘラとしているものだと、そう思っていた。


でもやっぱり人生は甘くなかった。甘いのは私の見立てだけだった。

「やばい、テスト勉強全然やってない～」と大声で嘆く人の成績は大体クラス上位だと相場は決まっている。

テスト期間は睡眠時間3時間。いつも半徹ギリギリで乗り切るKAT－TUNスタイルだった私は、テスト前に隣の子とくっちゃべっている余裕などなく、鬼の形相でノートを見返していた。

「今年バタバタすぎてほぼ記憶ない」と言っていた友人は、その翌年は「5月に出産予定です」と授かり婚の発表をSNSに投下していた。

そんな濃い2021年下半期を過ごしていたら記憶も吹っ飛ぶだろうね。

2年ほど前に「今の仕事、結構飽きちゃってさ」と浮かない顔で愚痴をこぼしていた知人は、久しぶりに会うと雰囲気や顔つきがガラッと変わっていて、小さなスタートアップ企業に転職したと教えてくれた。

思い返せばコロナ禍の2年間は、自粛と在宅ワークも始まりなかなか友人知人と会う機会がなかったため、よほど親密な仲か、ご近所さん以外の友人とは近況報告の時間が持てなかった。

20代後半という激動の時期に、外の世界が動きを止めてしまった。なかなか人に会えず、混乱の過渡期にいながらも一人できちんと考え、計画を立て、手順を踏んで実行している人もいたのだ。

安全運転で通常通りに運行していた私は、取り残されたような気分になった。


社会人になりたての頃は、みんな組織や社会の仕組みに揉まれて、慣れるのに必死で、同じスタートラインだったはず。

みんな最初は、日当たりのいい大通りを一緒に走っていた。

そこから無数に道が分かれていった。

歯を食いしばって坂道を上る人、転んで擦り傷だらけになっても立ち上がって自分のペースをつかんだ人、勇気を出して裏路地の道を歩み出した人、地図にない道を見つけた人。


のうのうと歩いていた私は、一番広くて走りやすい道を選んできた気がする。

行き止まりも、険しい坂道も、今後の人生を大きく左右する運命の分岐点も無視して、足に優しいなだらかな道を。

思い返せば、ちょっと心惹かれる道を選べる分岐点もあった。でもそっちの道はずいぶんと険しそうで、「今じゃないな」と見送ってきた。「今じゃないな」を繰り返した今が「気づけばこの歳」なのだから恐ろしい。

時間の流れに乗って生きている私たちの現実は、ゲームの世界とは違って同じ分岐点にループはできない。あのとき迷った分岐点と同じ道はもう一生現れず、たとえ今同じ方向を目指したとしても、のちのち見える風景やたどり着く場所は違ってしまう。

学生時代、人生はもっと動くと思っていた。入社4年目くらいで転職を経験し、どこかで駐在や留学も経験できたらいいな、結婚と子どもは30歳になってからでいいや。おとぎ話や少年漫画で見た「封印を解かれる前の竜」のような、自分の中に底なしのエネルギーが溜まっている、と。そして20代という時間が無限に思えた。毎年のように目新しいイベントが降りかかってくれる、と。

手元の〝経験バッジ〟を増やせずに、なんとなく日々を過ごしていた私は、ここにきて時間の有限性と、人生における分岐点の消滅を自覚した。

26歳を過ぎたあたりから私の頭には「樹形図」の絵がちらつくようになったのだ。算数の「順列・組み合わせ」の問題ですべてのパターンを数え上げるときに使うあの図。

私の選んだ分岐の先に、地続きでいくつもの道がつながっているように、**私の選ばなかった道の先にも無数の未来が存在している。**

未来は、選択という無数の分岐によって木の枝のように派生しては分かれ、空に伸び広がり、葉を茂らせる。私たちは一つひとつ選択することなしに枝から枝に飛び移ることはできない。

例えば、大学時代に何度も情報を集めては諦めていた留学。私がもし大学で留学に行っていたら今頃どんな道を歩んでいただろう、と。

異国の地での苦労とチャレンジの連続、思わぬ巡り合わせ、達成感と喜び。語学力に自信がついて外資系企業に就職したかもしれないし、世界を相手に仕事をしたい！と熱い野心を持って総合商社にいるかもしれない。

初めて触れる文化のシャワーを浴びながら、強烈な体験をし、会社員という道を選ばなかったかもしれない。

向こうで出会った人と国際結婚、なんてファンタジーもあったかもしれない。

「かもしれない」の枝の先の花を想像すると、だんだん気が遠くなってくる。

社会人3年目で知り合いに誘われた会社に転職していたら？

今とは違う部署に異動願いを出して、まったく異なる職能を磨いていたら？

在宅勤務が主流になったあの時期に、鎌倉に引っ越していたら？

昔は、真っ白なキャンバスを前に自分の将来を描ける自由さに陶酔できていたけれど、今はなんとなくこの先の可能性が予想できてしまう。

今はもう消滅してしまった、遠い枝の先を思うと「私の今までの選択はこれでよかった？」と疑念のようなものがわき起こる。

私が選ばなかったほうの枝の先の自分には、会うことができない。

薄い膜のような寂寥感に襲われながら、いつかこの寂しさの輪郭すらも忘れて、また変化に乏しい日常生活を送るんだろうな、と想像がつくことがまた寂しい。


だけれど、向こうの遠くの枝の自分を、夢想と妄想という望遠鏡で覗き込み、ひたすら解像度を上げてみると気づく。「彼女」もまた無数の〝かもしれない〟に思いを馳せている気がするのだ。

私が私である限り、間違いなく選ばなかったほうの未来について、30歳を前にして思い悩んでいただろう。

どこの街で誰と暮らしていようが、何を生業《なりわい》にしていようが、きっと「彼女」

は目を細めてこちらの様子をうかがっている。私と同じ年齢の「彼女」からのまなざしを意識すると、どんな選択にも決断にも、その瞬間においての正解は存在し得なかったのだと理解し、これまで選んできた枝も、枝の先になった小ぶりの実も肯定できそうな気がする。

寂寥感は晴れないが、この曖昧な不安と中途半端な欲深さは、生まれてからずっと変わらない。どの枝先の、どの私も共通して持っているこの「うじうじ」は、そろそろ自分の性分として両手で引き受けるしかないのだろう。

25歳	26歳	27歳
「結婚したら残業はやめてほしい」と彼に言われ、口論になり別れる	元カレを忘れようとさらに仕事に打ち込み、体調を崩して自律神経失調症に	近所のヨガ教室に通い始める。肩こりや冷え性が改善され、体調とメンタルともに安定してきた。新たな趣味として週2で通うように
「結婚したら残業はやめてほしい」と彼に言われ、口論になるも根気強く話し合いを続ける	結婚を前提に同棲を始める。家事負担が増え、仕事でのチャレンジは少し控えめに	彼と結婚。30項目ほどの細かい家事リストを作成し、お互いの家事分担を徹底的に可視化。実家暮らしが長い彼への家事教育を始める
	職場の弁護士と交際を始めるも、彼には大学時代からの本命彼女がいた（クズ）。婚約を機にフラれてしまう	ボロボロのメンタルを引きずりながら友人とルームシェアを開始。家賃や固定費を少し下げることに成功。年収を下げてベンチャー企業の社長秘書に転職
第二新卒で弁護士事務所の秘書に転職	仕事のやりがいを初めて感じる。自身の市場価値を高めるため英語の勉強を再開	まずはTOEIC800点を目指し、オンライン英会話やテキストで勉強を続ける
インスタのフォロワーが1万人を超え、店舗集客につながる	SNSマーケティングや接客能力、管理能力を生かして転職。ファッションメーカーの本社でECサイト運営チームに配属	サイト分析を学びながら「そろそろ彼氏欲しいかも」モードに突入。婚活をゆるゆる始めてみる
中学の同窓会で出会った元同級生（公務員）と付き合い始める	交際1年で妊娠が発覚して授かり婚	実家と義母の手厚いサポートを受けながら第1子の育児に奮闘
実家にあったiPadでイラストを描き始め、LINEスタンプを販売	なけなしの預金をはたき、オンライン講座で本格的にグラフィックデザインを学び始める	地元の同級生の実家の酒蔵のロゴ制作を請け負う。デザイナーとして初めての受注！

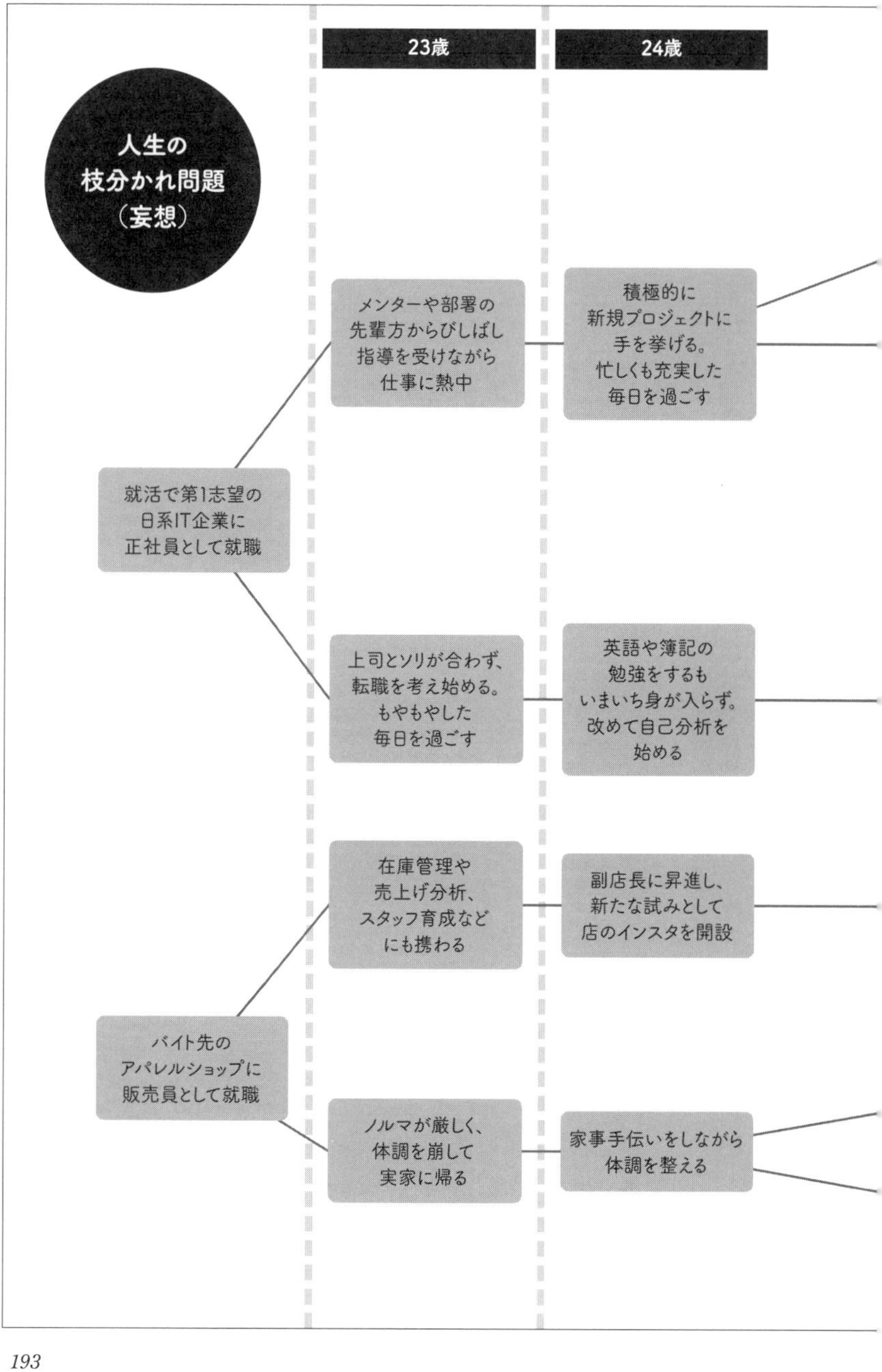
23歳
24歳
人生の
枝分かれ問題
（妄想）
就活で第1志望の
日系IT企業に
正社員として就職
メンターや部署の
先輩方からびしばし
指導を受けながら
仕事に熱中
積極的に
新規プロジェクトに
手を挙げる。
忙しくも充実した
毎日を過ごす
上司とソリが合わず、
転職を考え始める。
もやもやした
毎日を過ごす
英語や簿記の
勉強をするも
いまいち身が入らず。
改めて自己分析を
始める
バイト先の
アパレルショップに
販売員として就職
在庫管理や
売上げ分析、
スタッフ育成など
にも携わる
副店長に昇進し、
新たな試みとして
店のインスタを開設
ノルマが厳しく、
体調を崩して
実家に帰る
家事手伝いをしながら
体調を整える

第5章

忍び足でやってくる
老いとの付き合い方

「美容・健康」編

なんちゃってヘルシーな生活のすすめ

1駅隣の、少しだけ広い家に引っ越した。

前に4年間住んでいた家はゴリゴリの繁華街と活気溢れる商店街に近く、徒歩5分以内にカフェ数軒と、スイーツ店と、バーが無限に点在しており、作業にもサク飲みにも困ることはなかった。

新しい店やホテルや遊び場が次々に開業し、人気のない店は1年足らずで撤退していく、代謝のいい街だった。街全体が私の財布の紐を優しくほどいてくる。

引っ越し後の新居は、近くに商店街はあるものの、クリーニング店や文房具店、婦人服店などきわめてレトロな店が多く、夜は少し閑散としている。

社会人になってずっとにぎやかな街に身をうずめていた自分としては、夜に静かな通りを歩くのが怖かったり、1杯だけパッと飲みに行く場所も少なかったりして、少し物足りない。おかげで私の財布も身持ちが堅く、貞節を守り通している。

体力の衰えも影響してか、夜の街に出る頻度も落ち着いたここ最近、なんだか自然と「ヘルシーな暮らし」に心が向くようになった。「丁寧な暮らし」には一生縁がないので、口が裂けても言えないが。

最初に心の志向が変わったのは「もったいない」マインドがきっかけだったように思う。

前の家よりはレストランの数も少なく、20時以降のテイクアウトを試みても失敗に終わる。ツイッターでの紹介により大量獲得したフードデリバリーのクーポンも底をついた。かといってコンビニ飯が続くと心身ともにカサカサになる。なにより、せっかく広くなったキッチンを休眠させるのがもったいない！

ということで駅前のスーパーで食材を買い、ついでに隣の花屋で花を買うヘルシーライフに足を踏み入れてみた。

食材や調味料を揃えてしまえば、料理無精な私もさすがに台所に立たざるを得ない。余裕がある日は麻婆豆腐やリゾットを作るが、とにかく野菜を消費したいときは食材を適当にちぎって耐熱皿に入れ、チーズやお醤油やにんにくチューブ、胡椒をかけてレンジでチン。

名もなき料理でも、腹は十分ふくれるのだ。

花屋にも頻繁に足を運ぶようになった。

切り花の寿命は大体1週間程度だが、毎日お水を替えると少し長持ちしてくれる。短い命を静かに発火させ、日々様相を変える生きものが部屋に一ついるだけで、空気のよどんだ部屋に風が吹き込むような感じがするのは不思議だ。

同じ種類の花でもつぼみの開き具合や花びらの色褪せ方に微妙な差異が出てくる。無言のままに自分の目線や時間を奪ってくれる花は、穏やかに私の暮らしを整えてくれる気がする。ぐずぐず生きる毎日の中に、少しだけ「暮らしの背骨」を取り戻せるような。

花を愛でる習慣がつくと、今度はちゃんとした花瓶が欲しくなった。細口タイプのものや、おしゃれな一輪挿し、触りたくなるようなマットな質感の陶器など。

何時間もかけてオンラインで探してみてもビビッとくるものはなく、なんとなくガラスの筒状の花瓶を買ったが、思った以上にサイズが大きく、ドライフラワー保管用花瓶として廊下行きになった。

花瓶熱も冷めた頃、女子3人で2泊3日の食い倒れ福岡旅行が実施された。食べて飲んで食べて寝る以外に何も思い浮かばなかった私たちだが、3人のうち唯一料理好きな子の「器見てみない？」のひと声で観光のメインディッシュが決まった。

かつては「器」なんてインテリアと美術と映画が好きな人、もしくは京都や金沢出身で立派な庭園付きの家で育った殿上人の高尚な趣味では……と思っていた。ちょっといいレストランで、見たことのない鮮やかな色の食器や、波紋を写し出したような器の美しさに目を奪われることくらいはあるものの、私のような

〝なんちゃって自炊〟レベルでは、大層な食器に盛りつけるような食事は作れない。

まあ、人生に一度くらい「器選び」に興じる洒脱な女になってみるのもいいかと思い、天神近くの器屋さんをいくつか回ることになった。

インテリアに詳しくない自分のような者が踏み入れていいのかと内心ビクビクしながら向かった器屋さんは、自然派カフェのような店構えだった。思っていたよりオープンでカジュアルで、想像していた雰囲気と全然違う「器」の世界に私はみるみる引き込まれていった。

ころころ、つるっと、ざりざり、器の縁を指の腹でなぞると、音が聞こえてきそうだった。

「たとえばこのお皿なら煮物、このボウルなら冷たいパスタ入れても合うよね」

器好きの友達のアドバイス通りに器を眺めていると、どんな料理が合うか妄想が膨らんでいく。

このスープボウルならコーンフレークもカレーも合いそう、このミニピッチャーは飲み物だけでなく花瓶としても活躍しそう。ちょっと楽しくなってきた。

器にこだわるほど自炊しないよ～という人には、リム皿をおすすめしたい。お皿の縁が少し立ち上がった形のお皿で、パンやケーキ、サラダなど何にでも合うのだ。６Ｐチーズを並べるだけでもサマになる。今までは１００均で買った真っ白の無表情なお皿か、無印で買った木皿にケーキを盛っていた私だが、深い緑色のリム皿と、艶やかなカラメル色のリム皿を買った。ところどころ色の濃淡がついており、縁に削り模様が入っていて、そのへんで買ったパウンドケーキや切ったバナナをのせるだけでも食卓がパッと華やぐ。

最後に訪れた器屋さんはアパート2階の一室にあり、靴を脱いで上がるタイプのお店だった。威風堂堂とした渋いドラ鉢が並んでいるかと思えば、隣にはラピスラズリ色のド派手なティーポットが陳列してあり、様々な作り手のエリアが設けられていた。

オーナー自ら、北陸、山陰、関東、沖縄、アメリカなど各地に足を運び、作り手と会話をしながら仕入れてきたという。

大きな机にはマグカップやタルト皿が所狭しと並んでいて、その中にぽつんと置かれた黒い球体が目に入った。

しずくの形をした一輪挿しの花瓶だった。黒ではなく、限りなく黒に近い深緑。窓からさし込む西日をしっとり受け止めるような艶感があり、見る角度によって釉薬のムラがいくつもの表情を呈し、持つと手のひらにピタッとくっついてくるようだった。


数日後、配送を頼んだ器屋さんから丁寧に梱包された器たちが届いた。オンラインでは見つけられなかった素晴らしい花瓶に出会えたのはもちろん嬉しいが、一期一会のいい買い物ができたという満足感も大きい。

住居を少し変えるだけで、ちょっと気の利いた暮らしのアクセントが見つかるなんて知らなかった。そこから派生して、新たな趣味の種が芽を出すことも。
なんちゃってヘルシーな生活、形から入るのも悪くない。

歯のメンテナンス

年間29万円。

昨年の医療費の総額だ。

大腿骨を骨折したわけでも顔の工事をしたわけでもなく、歯医者と眼科と皮膚科と内科と婦人科の合計金額。主犯は奥歯3本分のセラミックだ。こやつらが金額の8割を占める。

たまに奥歯の歯茎がうずくので、半年ほど歯医者に行ってないことを思い出し、検診も兼ねて行ってみると、なんとまあ。

昔のようなモノクロのレントゲン写真ではなく、3DのCT写真が画面にでかでかと映し出されたではありませんか。自分の顔の下半分の骨と歯茎がご丁寧に色付きで。校舎の理科室以来の骸骨。
30分弱ほどかけてカウンセリングを行った結果、昔小さい虫歯にあてがったプラスチック（レジン）が劣化し欠けていること、歯の隙間から新たな虫歯ができていること、将来の口腔の健康を考えると今のタイミングでセラミックに詰め替えたほうがいいことを淡々と告げられた。

セラミックは自由診療なので6万円（税抜き）という法外な値段がかかる。バカな！その手には乗らないぞ！と息巻いて周りの人への聞き込みやGoogle口コミ調査を行い、近所の歯医者を開拓した。セカンドオピニオンならぬフォースオピニオンまでたどり着いたが、どこもセラミックの値段は変わらず。
結局、ボンボンの知り合いに紹介してもらったサバサバしたベテラン女性歯科医のもとに通うことにした。長いものには巻かれてしまう生き方なので、ボンボンたちの情報網にも喜んで巻かれよう。

セラミックの値段は7万円（税抜き）に跳ね上がったが、予約のとりづらい人気歯科医だ。虫歯の治療やセラミックへの移行と並行で、歯科衛生士さんから歯の磨き方レッスンも二度ほど受けた。

小さい頃から「歯と目だけは大事にしなさい」と親から口すっぱく言われていたものの、自分がどれほど雑に歯を磨いていたか思い知った。

歯ブラシはグーではなく鉛筆のように持ち、小刻みに5～10ミリ間隔で「ゆっくり」動かす。シャカシャカと音が出るのはダメで、速すぎるもしくは動きが大きすぎるらしい。

今回は財布がボロボロに擦り切れるほど痛い目を見たので、夜はフロスと電動歯ブラシと手動歯ブラシで合計15分ほどかけて歯磨きをしている。ポッドキャストやドラマをお供にすると案外早く過ぎるものだ。

残業や飲み会のあとに歯を磨かずに寝ても虫歯ゼロ（！）という野生動物のような歯を持つ友人も何人もいるため、唾液の質や歯の硬度的に私は虫歯ができやすい体質なのだ、と肝に銘じている。

いくつか歯医者を回って、身にしみてわかったことがある。

治療というものに正解はなく、お医者さんによって治療方針はもちろん、治療を必要とする〝基準〟さえも違うということ。


虫歯には段階があり、CO《シーオー》からC1〜C4の順に深刻化する。COはフッ素の塗布や歯磨きの徹底など、対策をしっかりすれば虫歯の進行を防ぐことができる超初期段階。C1は歯の表面のエナメル質に小さな穴があいている状態。

実はこのC1の段階で、歯を削って詰め物をするべきか、様子見、つまりいったん放置をするべきかで歯医者さんごとに意見が異なるのだ。

そもそも、今の医療技術では、一度虫歯になってしまった歯の再生はできない。歯医者さんは、歯の再生力にかけて虫歯の進行を止めるか、虫歯を取り除いて人工物を入れるかの二択を迫られるわけだが、当然、前者の場合は虫歯が大きくなるリスクがある。後者の場合は周りの健康な歯を少し削る必要があり、人工物と歯の境目の「マージン」と呼ばれる部分から新たな虫歯ができるリスクが生じる。

この二つのリスクを天秤にかけて、治療方針を決めなければいけないらしい。

どうりで、同じ歯について「今すぐ削って治療しましょう」派と「歯磨きを徹底して様子見しましょう」派に分かれるわけだ。

80歳で20本の歯を保つことができれば充実した食生活を送れると言われている。よく噛むことにより認知症の予防にもつながるため、１９８９年には政府主導で８０２０運動（80歳で20本の歯を保つことを目標とした歯の健康づくり運動）が始まった。当時、８０２０達成者は10人に１人にも満たないとされたが、２０１６年時点では２人に１人（約50％）を達成した。

虫歯にリスクなき治療なし。肝に銘じて今後も財布を握り締めて毎月の検診とクリーニングに励むとする。

加えて、30も近くなると体のあちこちに異変が出てくる。

人生初の不正出血を経験し、婦人科を受診。あの屈辱の台に乗せられて足を開き、右の卵巣が腫れていると言われた日からは定期的に受診するよう心がけた。子宮頸がん検診も毎年欠かさず行っている。

また、両目の痛みを覚えて十数年ぶりに眼科に行ってみると、目の表面に細かい傷と軽い炎症を指摘された。ついに、処方箋なしであらゆる事業者からカラコンを買って試していたツケが回ってきた。

私はその日から眼科で取り扱いのあるブランドでのみカラコンを買うようにした。今まで使っていたのは、コンタクトの縁にぼかしがついていて、アクセントにオリーブ色が入っているお気に入りのデザインだったが、目の健康には変えられない。

30代の目標は無病息災にしよう。

美との闘い

その刺客は気づかぬうちにやってくる。

ある日、ふと隣を見ると不気味な影が延びていて「あれ?」と思ったが最後、毎日毒を盛られるかのごとく、そやつは少しずつ体に蓄積し、私は鏡を見るたびに悩まされることになる。


あれ、ゾンビメイクをした覚えはないのに顔色がよくない。

あれ、怒ってもいないのに眉間にうっすら一本線が。

あれ、真冬でもないのに風呂場から出て3秒後には顔が突っぱり始める。パリパリとひび割れの音が聞こえてきそう。


こんな珍事件を何度か経験して、ようやく理解する。

ああ、あなたでしたか、ご評判はかねがねお伺いしております……。お肌の曲がり角なんてかわいらしいものではない。こやつは下降線をたどり始めた「老い」である。

まずいと思って、お風呂場の全身鏡の前に真っ裸で立ってみる。1グラムすら痩せていないのに、ついこの間までふっくらしていたデコルテ付近がごつごつしている。胸を張ると、「あばらだよ！」と声高々に主張してくる12対《つい》の肋骨。

腕のたるみも気になる。昔も立派なふてぶてしい二の腕をしていたが、ささみ肉のようにツヤとハリがあった。それが今は微妙に肉質が変わり、腕を体につけるとぶにゅっとつぶれるのだ。我が二の腕よ、いつの間に豚《とん》とろになった？

生まれたときからボリューミーなお尻だって。今までは丸くプリッとしていた気もするが、今は丸というより四角形に近く、うなだれた老犬の首肉さながら垂れてきた。

鏡と向かい合いながら悲しい間違い探しをすること5分。

50前後でやってくると油断していた「加齢」のサインが、もうすぐそこにきているのだ。在宅ワークで引きこもり生活を満喫していたせいだろうか、健康診断で数年ぶりに測った体脂肪率は平均値ギリギリくらいの値を示していた。見たことのない数字に「この数値、まずいですよね?」と焦る私。「あ〜でもこのくらいなら平均値の範囲なので……」と苦笑いをする看護師さん。

30手前で「とろとろ豚の角煮」ボディはごめんだ、と思い、すぐにヨガマットをポチり、クローゼットの奥からダンベルを掘り起こし、YouTubeの動画を見ながら家トレーニングを始めることにした。

グループトレーニングのフィットネスや24時間営業のジムに申し込まなかったのは、こんな体を大衆の面前にさらす勇気がないのと、すぐ幽霊会員になってサブスクの闇に落ちるだけという過去の苦々しい教訓を思い出したから。

YouTubeで「筋トレ　お尻（気になる部位）」と検索すると、再生回数100万超えのトレーニング動画がずらずら出てくる。ヨガウエアを着た同年代の女性がお手本の型を示してくれて、画面右上に回数や秒数のカウントが表示される、ありがたいフィットネス映像。慣れてきたら、パソコンでYouTubeの映像を小音量で流し、スマホでポッドキャストを流し、二刀流で楽しめるようになってきた。

腕や尻の肉質はまだ変わらないままだが、おうちトレーニングを始めて2週間、思わぬ副産物があった。縁側で丸まって寝る猫に負けないくらいの猫背&巻き肩に、わずかな改善が認められたのだ。最近まで姿勢を無理に正すと肩甲骨や腰が痛くなったり疲れたりして、姿勢の維持を諦めていたが、その疲労感も徐々になくなってきた。

背中のトレーニングは5分しかしていないので、たとえプラシーボ効果としても万々歳である。

さて、家トレは地味に続けるとして、問題は顔面である。
いつ美容医療に手を出すべきか……と踏みとどまっていた私を尻目に、同年代の友人たちは軽々とそのラインを超えて美容ライフを楽しんでいた。

1年半ほど前に「やばい、シミできたかも」と目の下のすっぴん写真をグループLINEに投下していた友人は、久しぶりに会うと顔面が発光したのかと思うくらい透明度が増していた。フォトフェイシャルに5回通ってシミやくすみを消滅させ、今は某デパコスでスキンケアラインを揃え、隔月でフェイシャルエステに通っているそうだ。

肌の透明度アップの秘訣はフォトフェイシャルと毎週のジム通いでの滝汗流し、そして深夜型から朝型へのワークスタイルのシフトだと考えられる。

フェイシャルエステはあくせく働く自分へのご褒美だけでなく、同じエステティシャンに継続的に見てもらうことで、自分の肌がどう変わったか客観的なコメントをもらう〝定期観測〟としての役割も果たしているらしい。

私も朝型人間を目指そうと早寝してみたが、0時から10時まで10時間睡眠を成し遂げただけだった。

また、外資系企業で鬼のように髪を振り乱しながら働いていた友人と4年ぶりに再会したときには、「久しぶり〜!」と笑った彼女の輝くシルク肌に声が出そうになった。多忙な日々を送っていたはずなのに、むしろ若返っている……。

彼女が言うには、社会人1年目の終わりに、荒野と化した肌を変えるべく美容に目覚めたらしい。スキンケアは、皮膚科で専売されているものを揃え、ビタミンCの高濃度美容液（30mlで2万円！キャビアでも入ってるのか？）を毎朝晩に塗布。

ドクターズコスメとして名高いゼオスキンを定期的に使用し、肌の再生サイクルを整えているんだとか。

私からの質問攻めの終わりに、彼女はさらっと、「あと結婚式に向けてボトックスとヒアルと鼻もやった！」と付け足した。

おでこにシワが寄りやすいため、おでこにボトックス、小顔効果のためにエラボトックス、中顔面短縮のために頬にヒアルロン酸を打ったらしい。どうりで顔がひと回り小さくなり、ほっぺたがJKのごとくパンッと張っているわけだ。

そしてずっと悩んでいた鼻の形も、評判のいい美容外科でお直ししたという。耳から鼻へ軟骨のお引っ越しだ。

夫には1週間の出張と嘘をつき、ホテルでリモートワークをしながらDT（ダウンタイム）を過ごしたのだとか。

あっぱれすぎる。

しかし美容医療やスキンケア商品が数多ある中で、自分の肌悩みに合致するものを一体どうやって選べばいいのか。また、肌に合わず新たな肌トラブルが出てしまったらどうするのか。

皮膚科医として大学病院・クリニックで働く友人に聞いてみたところ、「医者もどの治療法が合うかなんて一発の診察で完全にはわからないから、ピーリング剤とかレーザーとか色々試すしかない」との助言をもらった。
お医者さん自身も定番ものから最新の施術まで自分で色々試してみて、肌に炎症が起きた場合は様子見をして肌のターンオーバーを待ち、自らの肌の上で実験を行っているらしい。

「美」は単なる課金ゲーだと思っていたが、日々の努力と工夫、そして施術ガチャを繰り返す勇気の結実だったのだ。

はつらつとした美しさを身にまとった同年代の女たちは、何かに抗うように始めた美容やセルフケアをいつの間にか楽しんでいるようだった。肌や顔面に課金するだけでなく、毎週のワークアウトや趣味にも情熱を注いでいた。

「老け」に肩をトントンされてからというもの、私は鏡を見るたびに一喜一憂していた。

だが、そんな心もとないメンタルでは、歳を重ねていく自分とうまく付き合えないだろう。そろそろシワの1本や2本にジタバタするのは終わりにして、変わりゆく自分の容貌に合った手入れや身繕いを探求してやろうと、腰を据えてどんと構える胆力を身につけていきたい。

その人の気品やバイタリティ、意志の強さや茶目っ気は、肌とか体形といった単体のパーツではなく、佇まいや風格に表れるものだから。

途方もない美容の旅はまだ始まったばかりだ。

課金と言うか維持費が高い

巻末
コラム

ジェラシーくるみの

お悩み相談室

01 彼の収入が気になる問題

「大学時代の同級生と付き合って4年たち、結婚の話も出ているのですが、友達がいわゆる商社マンなどの年収の高い人たちと結婚する話を聞いてもやもやしています。今の彼は一緒にいて楽しくて優しい人なのですが、自分と同じくらいの給料です。どうしても高望みしてしまう自分がいます。どうすればこのもやもやを断ち切れますか?」

（26歳・女性）

出ました。ある程度恵まれている人に限ってかかる風邪。

「いらないものねだり病」です。

巻の情報に触れると将来のお金に関する不安は尽きないですよね。その感覚は間違っていないと思います。

でもちょっとロジカルに考えて計算してみましょう。将来の生活水準を想定したときの世帯年収のボーダーラインは？　自分が働き続けると仮定したときに相手に求める年収は？

自分の頭で考えて銭勘定すると、実は今抱えている不安には、虚栄心や高望みという不純物が大いに混入していることに気づくはず。

友人が着ているブランドものの毛皮を見て、一瞬欲しくなっているだけ。自分のワードローブには暖かくて快適なダウンが眠っているのに。

そこで実際に毛皮を着てみると、あまりに重くて動きにくいし肩こりもひどくなる。すでにヨーロッパの多くの国で毛皮生産が禁止されたように、毛皮というもの自体、今の時代に合っていないものだとわかってきます。

世間や婚活界隈で言われる「ハイスペ男子」は実際、女遊びが激しかったり、モラハラ気質だったりするのが現実。家に帰ってこなかったり、家にいても家事・育児を押しつけてきたり。そんな彼らと張り合えるのは、自分も稼いでいて性格もどぎついバッチバチのキャリア女子か、モラハラをかわしながら手のひらでコロコロできるエセ天然の皮をかぶった超絶したたか女子くらい。

さらにハイスペ男子の枠を超えてべらぼうに稼いでる同年代の男性は、まともなビジネスマンのふりをしている変わり者ばかり。そのパートナーたちは見目麗しいだけでなく、肝の座り方が一般人の比じゃない。

年収の高い男と結婚したらラクできる、子どもによい教育ができる、と思いがちだけれど、**人に寄りかかる人生は中盤からきつくなってきますよ。**経済的な主従関係が生まれてしまうと、ここぞという一番大切な場面で人生の決定権を相手に渡さなきゃいけなくなるので。しまった！と気づいた年齢ではすでにキャリア的にも生活水準的にもやり直しが難しい。

「いらないものねだり病」の末路って、まあまあな地獄。

本当に必要な金は自分で稼いだほうが早いし現実的だし、自分の金で買う自由や娯楽は最高に楽しいです。社会人を数年やっている人なら、もう自分の金で買う蜜の味を知っているのでは。

年収の高い男性なんて道を歩けば当たるけれど、昔からお互いを知っていて、ちゃんと対等に話ができる今の彼はあんたの隣にしかいないよ！

02 浮気しちゃったんですけど…私が

「私には恋人がいるのですが、浮気をしてしまいました。相手は前から憧れていた会社の先輩で、家庭のある人です。2回ほど体の関係を持った後はなかなか連絡が返ってこなくなりました。先輩のことも頭の片隅に残っていますが、彼と会っていると、ふとした瞬間に罪悪感や息苦しさに駆られるようになりました。彼に打ち明けるのはダメだとわかっていますが、彼とは今後どうしていけばいいでしょうか」

（30歳・女性）

深呼吸しましょう。

あなたは今ドラマの主人公で、自分の足元に広がる感情の渦にのみ込まれて必死にもがいていますが、**自分が監督になったつもりでぐーっと物語を俯瞰《ふかん》して、「引き」で眺めてみてください。**

登場人物や物語の流れを整理すると、アラサーの血迷った女子が既婚のクズ男に遊ばれ、傷ついているだけのよくあるストーリーです。視聴率は2％と大低迷。

さて、ここで彼に打ち明ければ、主人公は「自分以上に彼を傷つける被害者ヅラ女」に成り下がり、視聴率は、ただ下がり。

もしも先輩から返信がきて、また関係を持てば、「やっぱり女は承認欲求まみれのゴミw」「やっぱり男は不倫する生きものなんだ」とツイッターでひと炎上した後にドラマは打ち切り。

どうせもう、ここまできてしまったら大逆転は狙えないから、せめて救いのある結末で終わりませんか。

彼と続いても別れても、罪悪感逃れのために彼を道連れにするのはやめて、友人に相談するのもやめて、どうぞ冥土まで持っていってください。

彼の目を見て話すのがどうしてもつらくなってしまうような中途半端に繊細な心を持った女なら、彼とはいずれ別れます。冥土の果てまで覚悟を貫ける図太い女なら、彼とは続くかもしれませんね。

自分が脚本家だとしたら、今後の展開をどう持っていきますか。せめて自分のケツは自分で拭ける女のドラマにしませんか。

03
推し活が楽しい！でも、そろそろ抜け出したい

「TikTokの切り抜き動画で出会った推しにハマって抜け出せません。テレビ電話をするためにCDを何十枚も買ったり、遠征をしたりと、お金も時間もかなりつぎ込んでいます。結婚やキャリアなど色々と将来のことを考えなければいけない年齢なのに、そろそろヤバいと思っても沼から脱出できません……」

（27歳・女性）

それだけの愛情を注げる対象に出会えたこと、おめでとうございます。

時間とお金を費やすことへの罪悪感を抱いてしまうなら、自分の「可処分資産（お金と時間）の範囲」を洗い出してみては？

他を節約すれば年間でいくら注げるのか、時間は週に何時間割けるのか。すると今まで交際や他の趣味にあてていた資産をただ「スライドしただけ」とわかるでしょう。

借金をせずに自分の給料の中でやりくりして、休日や会社の有休の範囲内で推し活をしているなら、誰に文句を言われるいわれもありません。たとえ自分自身でも、自分を責めるのは筋違い。

寂しいけれど、推しが生身の人間である限り、永遠に推せることはありません。

いつかくる沼脱出の日まで、幸せホルモンや女性ホルモンをドバドバ出して、きれいになって、遠征で体力もついて、一石三鳥。**それからまた将来への準備に自分の可処分資産を「スライド」すればいいんですよ。**

金も時間もエネルギーもじゃんじゃん注いで、日々を生き抜く酸素を推しからもらいましょう!

04 〝女子〟は何歳まで？

「20代後半になってから〝老い〟と〝若さ〟について考えることが増えました。誕生日を迎えるのが憂鬱で、20代が終わり、もう女子じゃなくなってしまうことが怖いです」
（28歳・女性）

あれは25歳くらいだったかな。友人のインスタを見ていて、女子数人の水着の自撮りに添えられた「海ではしゃぐBBA」の自虐コメントを見つけたとき、おなかがひゅっとしたのを覚えています。

それから色んな場面で、まだ若い自分たちの年齢を自覚しながらの、あえての自称BBA、自称おばさんを目にしました。

節目の歳が近づくと、自意識が挙動不審になり、〝自称ほにゃらら〟に敏感になりますよね。

でも、自分たちをさすときに「女」と呼ぶのは乱暴で、「女性」と呼ぶのは楽しくない。言い慣れた「女子」が、どうしても一番座りがいい。

私は「女子」呼びがしっくりくる場面では、たとえ何歳になっても「女子」と呼べばいいいじゃんと思っています。

「女子」の何たるかに気づいたのは、とある平日のお昼どき。小腹がすいて一人でカフェチェーン店に入ったときのこと。

ほかほかのデニッシュパンの上にソフトクリームがどーんとのったスイーツの店内ポスター。うっかり注文しかけましたが、その日の私は胃腸に自信がなく、遠慮してしまいました。

ところが、数分後に隣に座った30代半ばの女性3人組は、そのポスターを見るなり控えめな歓声をあげ、「これ食べたい！」「食べたいけど大きいですね」「じゃあみんなで分けよう」と、ランチメニューを決めるより先にデザートのシェア会議。

同僚と思われる3人は、職場の新人の指導の話から、クリスマスコフレの予約の話、そしてパートナーの話へと、崖から岩場へ飛ぶボブキャットのようにひょいひょい話題を飛び移りながらグラタンをたいらげて、「まだ旦那と冷戦状態なの？」「目も合わせてないよ」「なんか旦那って一番遠い存在だよね」と、なにやら深刻な話を始めました。

そこにあのスイーツが到着。ぽってりと、ふてぶてしいソフトクリーム。「ちゃんと6等分されてる！」と後輩が写真を撮り始め、「写真送って！」「アイスが溶けないうちに取り分けるね」とスイーツ奉行と化す先輩。旦那の話はどこかへ霧散し、「はぁー幸せ。今日の部会、頑張らなきゃ」「いつも頑張ってるじゃん」「そうですよ」の謎の励まし合い。

隣で黙々とサンドイッチを食べていた私は、致死量の「女子」を浴びてクラクラしました。これこそが「女子」。スピード違反ギリギリの速さでいくつもの話題を飛び移り、愚痴や噂話になると瞬間湯沸かし器のごとく全員が威勢よくしゃべり出し、糖分や好物の前には安易にひれ伏す。そして一人が弱気になると、寄ってたかって励まし合う。このメンタリティこそ「女子」だなあ、と隣で聞いていてニヤニヤしてしまいました。

「女子」は「ギャル」の概念に非常に近しいものがある。ギャルのマインドを持っていれば黒髪でも生爪でも「ギャル」が成立するように、女子の魂を持っていれば、それは「女子」。


最近は、自称BBA、自称おばさんを見てもおなかがひゅっとせず、あれは「防風林」としての自虐なのだと理解できるようになりました。女性を年齢で評価しがちな世間の冷風から自分たちを守る防風林。

まあ、若いというだけで甘やかされ、たいていの失敗は許され、ちやほやされる風潮は確かにあります。若さは特権の一つ。

でも、20代前半の記憶を引きずり出して、よーく振り返ってみると、**決して得ばかりでもなかった**と思います。

若い女子というだけでナメられたり、軽く扱われたりする場面が多いのも事実。特に顕著なのがビジネスの場。会議中に発言をしても、イチ若者の意見としてしか取り上げられず、取引先の人と全然目が合わないこともあったし、何をするにしても先輩の許可が必要でした。「失敗しても許される」と言えば聞こえはいいですが、その裏には「特に期待もされていない」があるのです。

あの頃は、早く経験を積んで貫禄をつけたいと焦り、アラサーくらいの先輩に憧れていました。ちょっと背伸びしていいお店に行っても、紳士淑女の客層の中で浮いてしまうことがしばしば。

ところが、いざアラサーになると、今度は若さにしがみつきたくなりました。いやはや、浅ましいものだ。20代ブランドへの執着をようやく手放せるようになったのは、ある先輩の誕生日祝いがきっかけでした。その人はケーキの上にのった「30」のアイシングクッキーをかじりながら「こうしてみんなに祝ってもらえるなんて、こっからの30代はもっと楽しくなる予感しかしない」とさわやかに言いきっていて、それは私に前向きに歳を重ねる勇気と覚悟をくれるひとことでした。**前を見て「今この瞬間」を全力で楽しめる人は、何歳だろうが若い。女子は魂。若さはマインドセット。**

それからというもの、歳を重ねるごとに、私は何を得ただろうか、周りからどんな愛情を与えてもらったのかを考えるようになりました。

肌の細胞間から水分が流れ出す代わりに、私は何を新しく取り込めたのかなと。

若さはクーポン券。

クーポンと引き換えにどんな経験や価値を得るかは、あなた次第。

じゅくじゅくした思いを抱えて後ろを振り返りながら30のラインを超えるか、カッコいい40や50を見据えながら意気揚々と30をジャンプするか、そろそろ腹を決めてもいいかもね。

05
幸せがあふれているSNS。他人を羨む気持ちもむくむく

「他人と自分を比べてしまいます。インフルエンサーの投稿や、友達の幸せそうな投稿を見ると、妬ましい気持ちや惨めな気持ちになり、落ち込みます。人と比べないためにはどうすればいいですか」

（25歳・女性）


表と裏、光と影があるように、キラキラしたインスタ映えの裏には目を背けたくなる残骸があるのです。

まず、キラキラ系インスタグラマー、インフルエンサーと呼ばれる人たちは、話題のお店にいち早く足を運び、新商品を手に入れ、毎日のようにランチやディナーに出かけ、そのたびに友達が変わり、交友関係の広さをうかがわせますね。週末には彼氏と温泉旅行やドライブを楽しみ、誕生日にはサプライズが待ってい

る……。SNSを生業《なりわい》としている彼女たちは**キラキラ生活の塗装が仕事**なので、一般人の私たちには目が痛くなるほどのまぶしさ。

とある寿司屋の大将に聞いた話ですが、フォロワー100万人超えの巨乳インスタグラマーAさんは、〝彼氏〟とのラブラブな生活を投稿しているものの、相手は既婚者で彼女は愛人だそうです。

Aさん以外の話だと、別荘と言いながら撮影用に仲間でレンタルしたハウススタジオだったり、「何でもない日のプレゼント」と見せているバッグがレンタル品で箱はメルカリで買ったもの、ってことも。キラキラ塗装も重労働ですね。

インスタグラマーへの憧れならまだマシですが、同世代の、二人では出かけないくらいの微妙な距離の知人に嫉妬を覚えたら、たちが悪い。あの子みたいな容姿だったら、あの子のように実家が裕福だったら、あの子のような仕事に就いていれば……とタラレバ地獄に落ちるのは自分が一番悔しいでしょう。

私も調子の悪いときは友人の友人のアカウントまでインスタパトロールをし、自分の持ってないものを「ひとーつ、ふたーつ」と皿屋敷のごとく夜な夜な数えてしまいます。心の中の自意識モンスターが檻《おり》を破り暴走して、「私も楽しそうに見られたい！　幸せそうに見られたい！」と思ってしまうことも。

でも、しょせんSNSなんて、欲や自意識に自己申告で値札やリボンをかけた陳列棚みたいなもの。一般人でもプロでも、SNS上の生活がよく見えるのは当たり前。**行儀作法を知らない自意識モンスターは気を抜くと暴れ出すので、自分の欲深さや浅ましさを観察し続け、自意識や嫉妬の手懐け方を覚えましょう。**

そして、その人の生活や所持品ではなく、裏にあるその人の努力や泥臭さを想像できるようになりましょう。そうすると、嫉妬やライバル意識は自分の起爆剤になりますよ。

隣の芝生は青いと思ってじーっと目を凝らすと、実は人工芝やイラストだったりしますからね。

06

もう限界。転職するべき？

「新卒で入った今の会社を辞めるかどうか迷っています。コロナ禍の影響でチームメンバーが2人も抜けてしまい、給料は上がらないまま業務量だけ増え、毎日ヘトヘトでたまに涙が出てきます。それに仕事も悪い意味で慣れてきて、成長している気もしません。転職できる自信はありませんが、転職活動を始めるべきでしょうか」

（26歳・女性）

日々のお仕事、お疲れさまです！（おちょこ乾杯）

ストレスのおおもとは、労働時間、賃金、成長実感の低さの主に3つですね。

まず涙が出てくるほどの繁忙は、少し心配ですね。頻繁に涙が出たり吐き気をもよおしたり、体重の増減がある場合は適応障害の可能性もあるため、これ以上疲れて判断力が低下する前に、専門家の力を借りて早めに対処しましょう。

給与アップに関しては、貢献度や業務量の変化など定量的な根拠をもとに直属の上司に交渉してみましょう。上司が誠実にかけ合ってくれないのであれば、見切りをつけて転職したほうがいいかもしれません。

そして、成長実感の低さ。業務を俯瞰して見られるようになった社会人3年目ぐらいから転職の二文字がちらつき始めますよね。

全業務の棚卸しをして、ポートフォリオのように整理してください。**「こなし」でさばけている仕事、成果は出ないけれどもう少し粘りたい仕事、手応えを感じられている仕事の内訳を出してみてください。**

もしほとんどが「こなし」仕事であれば、まだ冒険ができる20代中盤のキャリアにおいて今の職場に身を置くのはもったいない。逆に2～3割でも面白いと感じ、これはものにしたいと思える仕事や、手応えのある仕事があれば、儲けものです。仕事のキャパが広がり、もし後輩のマネジメントもしているのであれば、あなたは知らないうちに成長しているはずです。

もやもやが止まらない場合は、気晴らしに自分の**市場価値の診断**も兼ねて、複数の転職サイトに登録してみましょう。転職経験のある知り合いがいれば、実績や職務経歴書の書き方を含めフィードバックをもらったり、エージェントを紹介してもらったりすることをおすすめします。

「私にできるかな」と足踏みせずに、**マッチングアプリで相手のプロフィールを見るノリで求人募集を流し見してみましょう。**

劣悪な職場環境から逃げ出す転職も、キャリアアップや自己実現のための転職も、情報収集、行動力、客観的な自己分析が重要です。

何歳からでもやり直せると言うけれど、時間と体力には限りがありますからね。

応援しています！

07 血がつながっているからこそ難しい親子関係

「円満とは言えない家庭で育ってきました。育ててもらった恩はありますが、昔から過干渉気味で、今も実家に帰ってこい、結婚はまだかと口を出してきて、母からは父の愚痴ばかり聞かされ、父は無口でまともな会話もありません。両親は冷戦状態で、家の様子を聞かされるたびにイライラします。親から距離を置くい方法はありますか」（28歳・女性）

親が情けなく見えたあの日から、大人への歩みが始まったと思っています。

周りの円満（そう）な家庭を見て、どうしてうちは、うちの親は、と思う気持ちは痛いほどわかりますが、そんな家も裏を引っくり返せば親戚問題や相続問題、親や祖父母の健康問題もあって、みんなそれなりにギスギス、バタバタしているものです。家族が仲よくて、別荘もきれいでいいなあ……と羨望の念を抱いていた友人が、実は兄弟が絶縁状態で、祖父母の介護で母がノイローゼ気味で大変、みたいな話はざらにありますからね。

そして「尊敬している人は父と母です！」「好みのタイプは育ちのいい人です！」と目をキラキラさせて言える人はたいそう幸運だと思いますが、色気も魅力も感じません。

親子だって家族だって相性があるんですよ。これぱっかりはしょうがない。両親ともに健在で、会話ができるだけ恵まれているかもしれません。

親は自分の倍以上の人生を生きていますが、**親歴としては自分とほぼ同じ歳。**親も一人の人間で、私を安心させるために生きているロボットではないのだということと、健康に産んでもらって大学まで行かせてもらえただけ十二分にありがたいと何億回も言い聞かせているうちに、私は親に対するもやもやを手放すことができました。

「ハンカチ持った？　宿題入れた？」のノリで自立した子どもに口を出すのも、親あるあるです。お母様は、子どもが巣立ってきっと寂しいのでしょう。適度な距離を保ちつつ、親孝行ができるのも今のうちなので寄り添ってあげてください。もしＬＩＮＥでやりとりをしているなら、忙しいときは家族の会話用スタンプで対応するだけでも相手の気持ちは収まると思いますよ。たったのスタンプ一つで親孝行＋１ポイントです。お得。

親を恨みそうになるイベントは、多くの人が迎える通過儀礼みたいなもの。暴言や暴力がない限りは、親の命ある限り、ゆるーく付き合ってあげてください。

自活できる人間に育ててもらったことに感謝すると同時に、こういう星のもとに生まれたのだ、と自分の力ではどうにもならないものを引き受けられると人生の幅がぐっと広がると思います。

08 私って大事にされてない？

「彼とは交際1年ですが、LINEの返信も遅いし、一緒にいてもスマホばかりいじっています。付き合いたての頃はデートプランなど頑張ってくれましたが、今は週末にどちらかの家の近所でご飯するだけで、自分の優先順位が下がっているような気がして不安になってしまいます」
（25歳・女性）

不安と不満だらけの付き合い、楽しくないですよね。付き合う前はあんなに尽くしてくれたのに。付き合いたての頃は楽しませてくれたのに。付き合って1年でこんなに経年劣化するなら返品したい、説明書に書いておけよ！　この不良品が!!という気持ち、よくわかります。

でも世の中のほとんどの男性は、超能力者じゃないんです。楽しく恋愛したい

なら、Mr.マリックを探すか、あなたが変わるかの二択です。

あなたからデートプランを提案して彼を楽しませようとしましたか？
一緒にいるときにスマホを見られると寂しい、せめて一緒に画面を見よう、と言葉にしてみましたか？

釣った魚に餌をやらないタイプの男性は世の中にごまんといますが、まずは、あなたが餌をやらないと。いつまでも口を開けて餌を待ってるお魚気分じゃあ、未熟な恋しかできませんよ。

彼との対話が難しそうなら、自分の今の気持ちを正直に紙に書き出したラブレターを渡してみてはどうでしょうか。こんなことで悩んでたの？と彼は驚くかもしれませんが、お互いの「こんなこと」の地道な擦り合わせで距離が縮まり、心が通い合っていくのが人間関係の味わい深さ。

最後に一つ。彼の思いの重さは「してくれないこと」の数ではなく、自分に割いてくれる毎週末の時間かもしれませんね。

09 曖昧な関係にケリをつけるか否か

「仕事関係で出会った男性と3年くらい関係が続いています。その間、お互い恋人がいたりいなかったりするのですが、もう腐れ縁で結婚するのもありかなと思っています。でも、勇気を出して告白めいたことをしてもはぐらかされます。彼はまだ結婚願望はないようですが、私は30までには入籍を終えたいと思っています。他の男性を探したほうがいいでしょうか」

（27歳・女性）

お互いに都合のいいwin-winな関係のままいられれば何の問題もないのですが、「結婚願望の有無」という強いファクターによって彼とあなたのバランス関係が崩れてきているのですね。

しかも「30までには入籍を終えたい」とかなり具体的な締め切りを引いていいま

すね。余裕を持って逆算すると、双方の親への挨拶や両家顔合わせなどを含めると29歳で婚約、27歳頃には交際を開始しておきたいところ。ちょうどあなたの歳だ！……と急かすつもりはないのですが、残念ながら都合のいい関係から結婚まで持っていくのは至難の業なんです。当てはまる例は周りには何人かいますが、どれも判を押したように授かり婚ですね。これは裏技。

私たちはみんな、時間という不条理なものに若さを奪われる宿命にあります。時間も体力も集中力もお肌のコラーゲンもたっぷりあるこの時期に、思索と行動を繰り返すクセを身につけ、何者にも奪われない経験や知恵を獲得して、今後の人生をサバイブしていく必要があるのですが、その彼との関係では一体どんな経験値が得られるのでしょうか。

みっともない恋愛も苦しい恋愛もさんざんしてきたでしょう。波風立たないようなぬるい関係のまま、なんとなく彼と結婚できる希望にかけるのは相当な博打だと、そろそろ分別がつく年齢でしょう。

第三者から見て唯一わかるのは、3年もつかず離れずの関係だったあなたの告白を、はぐらかして「なかったこと」にした彼に、あなたを大切にする意思はないんだなあということだけです。相談の文面だけなぞると冷静に見えますが、無下にされて悔しい、つらい、という気持ちに蓋をしているようにも思えます。

5年後の32歳の自分が「あんなこともあったな〜」と笑うか、「あのとき他の男に行っていれば」とほぞを噛むかは、これからの行動次第です。

第三者からの意見をもう一つ。苦しく惨めな恋の次の恋愛は、めちゃくちゃに楽しくてハッピーだと相場が決まっていますよ。

10 将来の夢に踏み出せない

「社会人4年目です。今の仕事にもやりがいは感じていますが、別の職種で将来やりたいことが出てきました。それには特別な資格が必要で、資格取得の勉強から始める必要があります。数年かかることになり、自分の努力や根気が続くのか不安で、なかなか踏み出すことができません」
（26歳・女性）

世の中にこれほど情報や選択肢やノイズがあふれる中、やりたいことがわからないと悩む人が多いのに、自分の野心を持てたことは幸せなことだと思います。

チャレンジしましょうと背中を両手で全力プッシュしたいところですが、私も石橋が壊れるまで叩き続けるタイプなので、二の足を踏んでしまう気持ちはよくわかります。途中で心変わりしたらどうしよう、諦めたら自分のことが嫌いになってしまうだろう、20代の時間もお金も費やしてしまっていいのだろうか。

でも、自信や小さな成功体験は踏み出した人にしかつかめない感覚なのです。

私は、悩みごとには2種類あると思っています。不条理な出来事にさらされ、にっちもさっちもいかないどうにもならない痛みと、こうしたいのに、こうなりたいのにできない！という不満に近いもやもやです。

経験上、前者だと思って長年苦しんでいたことの大半が、少しの行動や時間の経過により後者だったと気づきます。後者は「課題」と言い換えることで、一気に現実世界で闘えそうな等身大の対戦相手として自分の前に降りてきます。

自分のあるべき姿やなりたい姿が決まらないうちが一番しんどい時期。えいや、と目標を決めてしまって、それに向かってボートを漕ぎ出すと案外メンタルが安定するものです。目標を決めてしまえば、嫌でも現状と目標の距離を測り、足りないものが明らかになるから。**どうしよう、とただ迷っている時期よりも、自分にはここが足りないからどうやって補おうか、と作戦を立てる時間のほうがよっ**

ぽど有意義で、面白いですよ。

私の周りにも、転職活動を始めたけれどやっぱり今の会社に残った人、まったく違う職種に就いた人、大企業を辞めて独立した人、社会人5年目で留学に行った人、30代半ばで医学部に入り直した人、など様々なキャリアを歩む人たちがいます。選んだ道のりの険しさや距離、自分のガソリンの残量なんて確信が持てないまま、どこに行き着くのか行き先もわからないまま、それでも目の前のことに粛々と取り組んできた人たちです。

もし志半ばで挫折したとしても、命まではとられませんよ。5年後、10年後の年齢ならまだ再就職も可能だし、最悪、生活水準を下げれば食いっぱぐれることはない。キャリアの小さな失敗は、人生の経験値にカウントされます。肝も据わって、「まあ意外となんとかなったな」という根拠のない自信が勝手に培われていきます。こればかりは、人に聞いてもわからない。腹の底で感じるものです。

今まで真面目に働いてきたのだし、そろそろ大胆に自己投資をしてみるのもいいじゃないですか。踏み出さないと、成功も失敗も手に入らず終わります。
根拠はないけれど、たぶん大丈夫。
人生、思い通りにはならなくても、なるようにはなります。

ジェラシーくるみ
昼はしがない会社員、夜は東大卒の夜遊び職人。恋愛や美容、女性の生き方についてWebメディアを中心に執筆。フォロワーから寄せられた悩みに答えるPodcast「ジェラシーくるみのぶったぎり！」を配信中。初の著書『恋愛の方程式って東大入試よりムズい』（主婦の友社）は、恋愛理論や人生哲学がSNSで話題となり、重版となった。Twitterのフォロワー数は約6万人。
Twitter @graduate_RPG48　Instagram @jealousy_krm

装丁／岩永香穂（モアイ デザイン）
装画／深川 優
本文マンガ／駒井千紘
編集協力／岩淵美樹、『赤ちゃんが欲しい』編集部
校正／荒川照実、佐藤明美
本文デザイン・DTP ／鈴木庸子（主婦の友社）
編集担当／石井美奈子（主婦の友社）
参考文献／『はじめての不妊治療』（主婦の友社）

そろそろいい歳《とし》というけれど

令和5年1月20日　第1刷発行
令和5年3月10日　第2刷発行

著　者　ジェラシーくるみ
発行者　平野健一
発行所　株式会社主婦の友社
〒141-0021
東京都品川区上大崎3-1-1 目黒セントラルスクエア
電話03-5280-7537（編集） 03-5280-7551（販売）
印刷所　大日本印刷株式会社

　ISBN978-4-07-453960-4

■本書の内容に関するお問い合わせ、また、印刷・製本など製造上の不良がございましたら、主婦の友社（電話03-5280-7537）にご連絡ください。
■主婦の友社が発行する書籍・ムックのご注文は、お近くの書店か主婦の友社コールセンター（電話0120-916-892）まで。
＊お問い合わせ受付時間　月～金（祝日を除く）9:30 ～ 17:30
主婦の友社ホームページ　https://shufunotomo.co.jp/